완전기초

혼자 배우는

태국어

첫걸음

아룬락 탠캄 지음

⊙ 정진출판사
www.jeongjinpub.co.kr

머리말

    〈혼자배우는 태국어첫걸음〉은 태국에서 영어 강사를, 한국에서 태국어 강사를 하며 학생들이 가장 쉽고 효율적으로 언어를 배울 수 있는 방법을 연구하는 과정에서 기획하게 되었습니다. 특히 한국에서 태국어 학습자가 이해하기 쉽게 접할 수 있는 교재가 부족함을 깨닫고, 그 동안의 경험과 노하우를 바탕으로 실생활에서 자주 사용하는 표현에 꼭 필요한 필수 문법을 더하여 구성하였습니다.

    어렵고 딱딱하게 느껴지는 문법을 실생활에서 자주 사용되는 표현 위주로 공부한다면 쉽고 재미있게 학습할 수 있을 것입니다. 태국어는 한국어와 달리 글자의 모양이 복잡하고 소리의 높낮이로 의미가 달라질 수 있으므로 처음에는 높은 산처럼 보일 수 있습니다. 하지만 하루에 한 장씩, 한 걸음씩, 조금씩 나아갈 때 복잡해 보이는 글자는 아름다운 그림으로, 소리의 높낮이는 즐거운 음악처럼 들릴 수 있도록 친절한 설명과 재미있는 내용을 담았습니다.

    또한, 바쁜 독자들의 1초를 아끼는 마음으로 한 권에 모든 것을 끝낼 수 있도록 필수 어휘, 문법, 표현으로만 집약하였습니다. 누구라도 쉽게 혼자 공부할 수 있도록 마음과 정성을 다하여 책을 만들었습니다. 조금이라도 여러분께 도움이 되기를 간절히 소망하고 응원합니다.

2022년 1월 1일

저자 **อรุณลักษณ์ แทนขำ**(아룬락 탠캄)

이 책의 주요 구성

발음 해설
초보 학습자들이 쉽게 배울 수 있도록 발음을 상세하게 설명하였습니다.

발음 쓰기 연습
처음 접하는 글자의 모양과 발음을 쉽고 재미있게 익힐 수 있도록 그림과 함께 쓰면서 연습할 수 있는 란을 두었습니다.

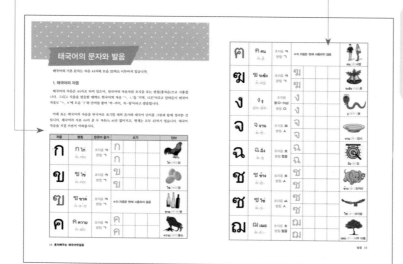

단어 익히기
본문에 들어가기에 앞서 이 과의 주제에 맞는 기본 단어들을 먼저 익히도록 하였습니다.

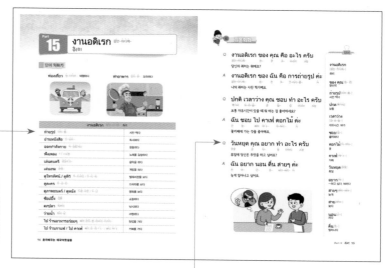

기본회화
실생활에서 자주 쓰이는 화제를 실어서 실제 활용에 도움이 되도록 하였습니다.

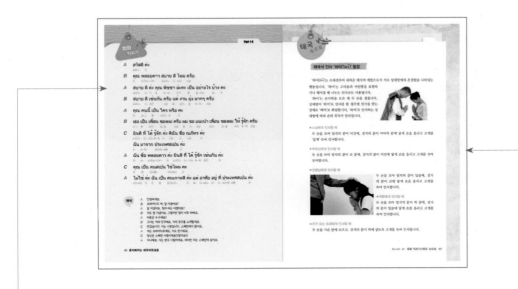

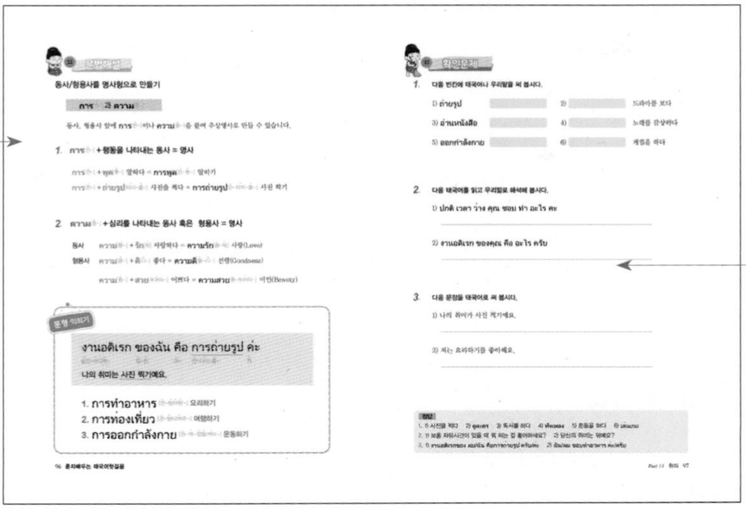

문법해설

태국어의 기본이 되는 문법과 용법을 정리하여 응용력을 키우도록 하였습니다.

확인문제

해당 과에서 배운 것을 기초로 여러 가지 문제를 풀면서 응용력을 키우도록 하였습니다.

회화 익히기/문법 보충

4part마다 회화나 문법을 추가로 수록하여 태국어 학습 이해를 한층 높였습니다.

태국 속으로

학습자들이 태국어에 흥미를 갖도록 하기 위해 태국의 문화와 생활을 소개하였습니다.

 학습자 여러분께 한 가지 당부드리고 싶은 말은 이 책에 한글로 병기된 발음은 단지 참고로만 활용하시고, 정확한 발음은 녹음된 태국 현지인의 발음을 따라하면서 습득하시기 바랍니다.

태국어의 문자와 발음

Part 01 **การทักทาย** 인사 32

■ **문법해설:** 만나서 반갑습니다 | 또한, ~도 | ~예요, ~이에요, ~입니다(존댓말) | 태국어의 부호 사용
■ **확인문제**

Part 02 **ประเทศ** 국가 / 나라 36

■ **문법해설:** 긍정문 **เป็น**(~이다) | 부정문 **ไม่ใช่**(~이 아니다) | 의문문 **ใช่ไหม**(~이지요, 맞죠?)
■ **확인문제**

Part 03 **สบาย ดี** 안부 인사 40

■ **문법해설:** ๆ 두 번 발음하기 | **ล่ะ คะ / ล่ะ ครับ** ~는요?
■ **확인문제**

Part 04 **สรรพนาม** 대명사 44

■ **문법해설:** 소유격 **ของ**의 용법
■ **확인문제**

▶ **회화 익히기**
▶ **태국 속으로:** 태국식 인사 '와이(**ไหว้**)' 합장

Part 05 **คำถาม** 의문사 50

■ **문법해설:** 긍정문(주어+술어+목적어) | 부정문(주어+**ไม่** 술어+목적어) | 의문문 **ไหม**
■ **확인문제**

목차

목차

발음

태국어의 문자와 발음

태국어의 기본 문자는 자음 44자와 모음 32자로 이루어져 있습니다.

1. 태국어의 자음

태국어의 자음은 44자로 되어 있으며, 한국어의 자음처럼 초자음 또는 받침(종자음)으로 사용합니다. 그리고 자음을 발음할 때에도 한국어의 자음 'ㄱ, ㄴ'을 '기역, 니은'이라고 말하듯이 태국어 자음도 'ㄲ, ㅊ'에 모음 'ㅓ'와 단어를 붙여 '꺼-까이, 처-창'이라고 발음합니다.

아래 표는 태국어의 자음을 한국어로 표기할 때의 음가와 태국어 단어를 그림과 함께 정리한 것입니다. 태국어의 자음 44자 중 두 자음(ฃ, ฅ)은 없어지고, 현재는 모두 42자가 있습니다. 태국어 자음을 직접 쓰면서 익혀봅시다.

자음	명칭	한국어 음가	쓰기	단어
ก	ก ไก่ 꺼-까이	초자음 ㄲ 받침 ㄱ	ก ก	 ไก่ [까이] 닭
ข	ข ไข่ 커-카이	초자음 ㅋ 받침 ㄱ	ข ข	 ไข่ [카이] 알
ฃ	ฃ ขวด 커-쿠엇-	초자음 ㅋ 받침 ㄱ	※이 자음은 현재 사용하지 않음	 ขวด [쿠엇-] 병
ค	ค ควาย 커-콰이-	초자음 ㅋ 받침 ㄱ	ค ค	 ควาย [콰이-] 물소

ฅ	ฅ คน 커–콘	초자음 ㅋ 받침 ㄱ	※이 자음은 현재 사용하지 않음				 คน [콘] 사람
ฆ	ฆ ระฆัง 커–라캉	초자음 ㅋ 받침 ㄱ	ฆ ฆ				 ระฆัง [라캉] 종
ง	ง งู 응어–응우–	초자음 응ㅇ–(ng) 받침 ㅇ	ง ง				 งู [응우–] 뱀
จ	จ จาน 쩌–짠–	초자음 ㅉ 받침 ㅅ	จ จ				 จาน [짠–] 접시
ฉ	ฉ ฉิ่ง 처–칭	초자음 ㅊ 받침 없음	ฉ ฉ				 ฉิ่ง [칭] 징
ช	ช ช้าง 처–창–	초자음 ㅊ 받침 ㅅ	ช ช				 ช้าง [창–] 코끼리
ซ	ซ โซ่ 써–쏘–	초자음 ㅆ 받침 ㅅ	ซ ซ				 โซ่ [쏘–] 쇠사슬
ฌ	ฌ เฌอ 처–츠ㅓ–	초자음 ㅊ 받침 없음	ฌ ฌ				 เฌอ [츠ㅓ–] 나무 이름

ญ	ญ หญิง 여–잉	초자음 ㅇ(y) 받침 ㄴ	ญ ญ			 หญิง [잉] 여자
ฎ	ฎ ชฎา 더–차다–	초자음 ㄷ 받침 ㅅ	ฎ ฎ			 ชฎา [차다–] 무용관
ฏ	ฏ ปฏัก 떠–빠딱	초자음 ㄸ 받침 ㅅ	ฏ ฏ			 ปฏัก [빠딱] 창
ฐ	ฐ ฐาน 터–탄–	초자음 ㅌ 받침 ㅅ	ฐ ฐ			 ฐาน [탄–] 받침대
ฑ	ฑ มณโฑ 터–몬토–	초자음 ㅌ 받침 ㅅ	ฑ ฑ			 มณโฑ [몬토–] 여자 이름
ฒ	ฒ ผู้เฒ่า 터–푸–타오	초자음 ㅌ 받침 ㅅ	ฒ ฒ			 ผู้เฒ่า [푸–타오] 노인
ณ	ณ เณร 너–넨–	초자음 ㄴ 받침 ㄴ	ณ ณ			 เณร [넨–] 사미승
ด	ด เด็ก 더–덱	초자음 ㄷ 받침 ㅅ	ด ด			 เด็ก [덱] 어린이

ต	ต เต่า 떠–따오	초자음 ㄸ 받침 ㅅ	ต ต				 เต่า [따오] 거북이
ถ	ถ ถุง 터–통	초자음 ㅌ 받침 ㅅ	ถ ถ				 ถุง [퉁] 봉지
ท	ท ทหาร 터–타한	초자음 ㅌ 받침 ㅅ	ท ท				 ทหาร [타한] 군인
ธ	ธ ธง 터–통	초자음 ㅌ 받침 ㅅ	ธ ธ				 ธง [통] 깃발
น	น หนู 너–누–	초자음 ㄴ 받침 ㄴ	น น				 หนู [누–] 쥐
บ	บ ใบไม้ 버–바이마이	초자음 ㅂ 받침 ㅂ	บ บ				 ใบไม้ [바이마이] 나뭇잎
ป	ป ปลา 뻐–쁘라–	초자음 ㅃ 받침 ㅂ	ป ป				 ปลา [쁘라–] 물고기
ผ	ผ ผึ้ง 퍼–픙–	초자음 ㅍ 받침 없음	ผ ผ				 ผึ้ง [픙–] 벌

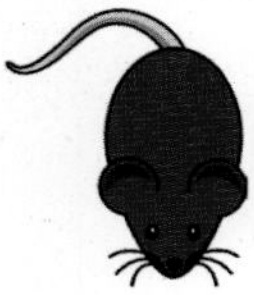

ฝ	ฝ ฝา Fㅓ̌–Fㅏ̌–	초자음 ㅎ(F 발음) 받침 없음	ฝ ฝ				 ฝา [Fㅏ̌–] 뚜껑
พ	พ พาน 퍼̄–판̄–	초자음 ㅍ 받침 ㅂ	พ พ				 พาน [판̄–] 쟁반
ฟ	ฟ ฟัน Fㅓ̄–Fㅏ̄ㄴ	초자음 ㅎ(F 발음) 받침 ㅂ	ฟ ฟ				 ฟัน [Fㅏ̄ㄴ] 이, 이빨
ภ	ภ สำเภา 퍼̄–쌈̌파̄오	초자음 ㅍ 받침 ㅂ	ภ ภ				 สำเภา [쌈̌파̄오] 돛단배
ม	ม ม้า 머̄–마́–	초자음 ㅁ 받침 ㅁ	ม ม				 ม้า [마́–] 말
ย	ย ยักษ์ 여̄–약́	초자음 ㅇ(y) 받침 이	ย ย				 ยักษ์ [약́] 도깨비
ร	ร เรือ 러̄–르̄–아	초자음 ㄹ(R) 받침 ㄴ	ร ร				 เรือ [르̄–아] 배
ล	ล ลิง 러̄–링̄	초자음 ㄹ(L) 받침 ㄴ	ล ล				 ลิง [링̄] 원숭이

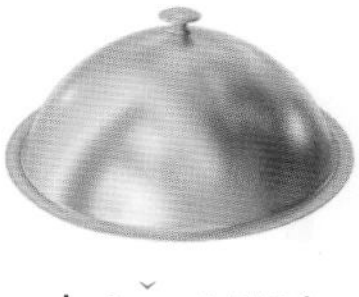

ว	ว แหวน 워–왠–	초자음 우(W) 받침 우	ว ว				 แหวน [왠–] 반지
ศ	ศ ศาลา 써–싸–라–	초자음 ㅆ 받침 ㅅ	ศ ศ				 ศาลา [싸–라–] 정자
ษ	ษ ฤษี 써–르–씨–	초자음 ㅆ 받침 ㅅ	ษ ษ				 ฤษี [르–씨–] 도사
ส	ส เสือ 써–쓰–아	초자음 ㅆ 받침 ㅅ	ส ส				 เสือ [쓰–아] 호랑이
ห	ห หีบ 허–힙–	초자음 ㅎ 받침 없음	ห ห				 หีบ [힙–] 상자
ฬ	ฬ จุฬา 러–쭈라–	초자음 ㄹ(L) 받침 ㄴ	ฬ ฬ				 จุฬา [쭈라–] 연 이름
อ	อ อ่าง 어–앙–	초자음 ㅇ 받침 없음	อ อ				 อ่าง [앙–] 대야
ฮ	ฮ นกฮูก 허–녹훅–	초자음 ㅎ 받침 없음	ฮ ฮ				 นกฮูก [녹훅–] 부엉이

2. 자음의 발음

자음의 발음을 영어의 톤(tone)과 한국어의 음가로 구분해서 정리하였습니다. 음의 높낮이(tone)에 따라 중자음, 고자음, 저자음으로 나뉩니다.(p.27 참조)

k / ㄲ ㅋ

ก 꺼̄

[꺼̄] 우리말의 'ㄲ'과 비슷한데, 발음할 때 센소리로 하지 말고 보통 높이의 억양으로 일정하게 발음합니다.

ข 커̌

[커̌] 우리말의 'ㅋ'과 비슷한데, 'ˇ' 부호가 있을 때는 낮은 음으로 발음하다가 중간에 음을 올려 발음합니다. 이 자음은 고자음이라고 합니다.

ฃ 커̌

[커̌] 현재 이 자음은 사용하지 않습니다.

ค 커̄

[커̄] 우리말의 'ㅋ'과 비슷한데, 보통 우리말로 '커'라고 발음할 때는 소리가 조금 세게 나오지만, 태국어는 그보다 조금 낮은 억양으로 발음합니다.

ฅ 커̄

[커̄] 현재 이 자음은 사용하지 않습니다.

ฆ 커̄

[커̄] 우리말의 'ㅋ'과 비슷한데, 보통 높이의 억양으로 발음합니다. ค[커̄]와 음은 같으나 단어로 쓰일 때에는 서로 다릅니다.

ng / 응ㅇ

ง 응̄어

[응̄어] 우리말의 '응ㅇ'과 비슷한데, ng로 표기합니다. '응어'라고 빠르게 발음합니다.

j / ㅉ

จ 쩌̄

[쩌̄] 우리말의 'ㅉ'과 비슷한데, 발음할 때 센소리로 하지 말고 보통 높이의 억양으로 발음합니다.

ch / ㅊ

ฉ 처̌

[처̌] 우리말의 'ㅊ'과 비슷한데, 낮은 음으로 발음하다가 중간에 음을 올려 발음합니다. 이 자음은 고자음이라고 합니다.

[처] 우리말의 'ㅊ'과 비슷한데, 발음할 때 센소리로 하지 말고 보통 높이의 억양으로 발음합니다. ฌ와 ฌ는 음은 같으나 단어로 쓰일 때에는 서로 다릅니다.

ss / ㅆ

[써] 우리말의 'ㅆ'과 비슷한데, 발음할 때 센소리로 하지 말고 보통 높이의 억양으로 일정하게 발음합니다.

[써] 우리말의 'ㅆ'과 비슷한데, 낮은 음으로 발음하다가 중간에 음을 올려 발음합니다. 이 자음은 고자음이라고 합니다. ศ, ษ, ส 음은 모두 같으나 단어로 쓰일 때에는 서로 다릅니다.(세쌍둥이)

y / 여(ㅇ)

[여] 우리말의 'ㅇ'과 비슷한데, 'ㅇ'은 우리말에서는 모음이지만 태국어에서는 자음입니다. 'y'로 표기하고, 보통 높이의 억양으로 발음합니다. 그리고 ญ는 받침으로 쓸 때 น[ㄴ]이고, ย는 '이'라고 발음합니다.

d / ㄷ

[더] 보통 높이의 억양으로 발음합니다. ฎ와 ด는 음은 같으나 단어로 쓰일 때에는 서로 다릅니다.

tt / ㄸ

[떠] 발음할 때 센소리로 하지 말고 일정한 음으로 발음합니다. 보통 높이의 억양으로 발음합니다. ฏ와 ต는 음은 같으나 단어로 쓰일 때에는 서로 다릅니다.

th / ㅌ

ฐ ถ ㅌ̌

[터̌] 우리말의 'ㅌ'과 비슷한데, 낮은 음으로 발음하다가 중간에 음을 올려 발음합니다. 이 자음은 고자음이라고 합니다. **ฐ**와 **ถ**는 음은 같으나 단어로 쓰일 때에는 서로 다릅니다.

ฑ ฒ ท ธ ㅌ̄

[터̄] 우리말의 'ㅌ'과 비슷한데, 보통 우리말로 '터'를 발음할 때는 소리가 조금 세게 나오지만 태국어는 일정한 높이의 억양으로 발음합니다.

n / ㄴ

ณ น ㄴ̄

[너̄] 우리말의 'ㄴ'과 비슷한데, 보통 높이의 억양으로 발음합니다. **ณ**와 **น**는 음은 같으나 단어로 쓰일 때에는 서로 다릅니다.

b / ㅂ

บ ㅂ̄

[버̄] 우리말의 'ㅂ'과 비슷한데, 보통 높이의 억양으로 발음합니다.

pp / ㅃ

ป ㅃ̄

[뻐̄] 우리말의 'ㅃ'과 비슷한데, 우리말처럼 센소리로 발음하지 말고 보통 높이의 억양으로 발음합니다.

p / ㅍ

ผ ㅍ̌

[퍼̌] 우리말의 'ㅍ'과 비슷한데, 낮은 음으로 발음하다가 중간에 음을 올려 발음합니다. 이 자음은 고자음이라고 합니다.

พ ภ ㅍ̄

[퍼̄] 우리말의 'ㅍ'과 비슷한데, 발음할 때 센소리로 하지 말고 보통 높이의 억양으로 발음합니다. **พ**와 **ภ**는 음은 같으나 단어로 쓰일 때에는 서로 다릅니다.

f / F

ฝ F̌

[F̌] 영어의 'f' 발음과 비슷한데, 이 책에서는 편의상 'Fㅓ'로 표기합니다. 낮은 음으로 발음하다가 중간에 음을 올려 발음합니다. 이 자음은 고자음이라고 합니다.

ฟ F̄

[F̄] 영어의 'f' 발음과 비슷한데, 이 책에서는 편의상 'Fㅓ'로 표기합니다. 보통 높이의 억양으로 발음합니다.

m / ㅁ

ม ㅁ̄

[머̄] 우리말의 'ㅁ'과 비슷한데, 보통 높이의 억양으로 발음합니다.

r, l / ㄹ

ร ล ฬ ㄹ̄

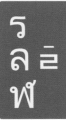

[러̄] 우리말의 'ㄹ'과 비슷한데, 보통 높이의 억양으로 발음합니다. 이 발음의 특징은 혀끝을 살짝 말아 위로 올리며 내는 소리입니다. 받침으로 쓰일 때에는 모두 'ㄴ'으로 발음합니다. **ร**는 영어의 'R' 발음과 비슷하고, **ล**와 **ฬ**는 영어의 'L' 발음과 비슷합니다.

a / ㅇ

อ ㅇ̄

[어̄] 우리말의 'ㅇ'과 비슷한데, 보통 높이의 억양으로 발음합니다. 이 자음은 경우에 따라서 간혹 '아̄'라고 발음하기도 합니다. 'ㅇ'은 태국어에서 자음입니다.

h / ㅎ

ห ㅎ̌

[허̌] 우리말의 'ㅎ'과 비슷한데, 낮은 음으로 발음하다가 중간에 음을 올려 발음합니다. 이 자음은 고자음이라고 합니다.

ฮ ㅎ̄

[허̄] 우리말의 'ㅎ'과 비슷한데, 보통 높이의 억양으로 발음합니다.

3. 태국어의 모음

태국어의 모음은 32개가 있으며, 단모음과 장모음으로 나뉩니다. 단모음은 '짧게 소리내는 모음'이고, 장모음은 '길게 소리내는 모음'입니다. 태국어의 모음은 자음의 앞과 뒤, 또는 위와 아래에 올 수 있기 때문에 — 표시로 위치를 나타냈습니다. 발음은 자음 อ[ㅇ]와 함께 표기하였습니다.

단모음	발음	장모음	발음
–ะ	อะ 아	–า	อา 아–
–ิ	อิ 이	–ี	อี 이–
–ึ	อึ 으	–ื	อื 으–
–ุ	อุ 우	–ู	อู 우–
เ–ะ	เอะ 에	เ–	เอ 에–
แ–ะ	แอะ 애	แ–	แอ 애–
โ–ะ	โอะ 오	โ–	โอ 오–
เ–าะ	เอาะ 어	–อ	ออ 어–
เ–อะ	เออะ 으ㅓ	เ–อ	เออ 으ㅓ–
เ–ียะ	เอียะ 이야	เ–ีย	เอีย 이–야
เ–ือะ	เอือะ 으어	เ–ือ	เอือ 으–어
–ัวะ	อัวะ 우어	–ัว	อัว 우–어
ฤ	르, 리, 러	ฤๅ	르–
ฦ	르	ฦๅ	르–

[참고] 1. 단모음과 장모음의 상하좌우에 표시된 '–'는 초자음이 들어가는 위치 표시입니다.
2. 한국어 음가의 장모음 표시는 '–'로 하였습니다.
3. 발음에 일률적으로 들어간 อ는 초자음 'ㅇ'입니다.

아래 4개의 모음은 단모음이지만 성조 법칙으로 모음을 구별할 때는 장모음으로 구분합니다.

단모음			
ไ–	아이	ใ–	아이
เ–า	아오	–ำ	암

4. 태국어의 모음법

(1) ─ะ[아] 뒤에 받침이 있으면 ─ั로 형태가 달라집니다.

예 กะ+น = กัน[깐]　　จะ+ก = จัก[짝]

ขะ+ง = ขัง[캉]　　พะ+ด = พัด[팟]

[주의] ─ะ[아] 단모음은 ว[우] 받침이 있으면 안 됩니다.

(2) ─ื[으] 모음을 쓸 때 받침이 없으면 อ 자음을 붙여줍니다.

예 มื+อ = มือ[므-]　　ถื+อ = ถือ[트-]

คื+อ = คือ[크-]　　ลื+อ = ลือ[르-]

(3) เ─ะ[에] 뒤에 받침이 있으면 ะ를 생략하고 ็ 을 위에 붙여줍니다. → เ็_받침

예 เปะ+น = เป็น[뻰]　　เคะ+ม = เค็ม[켐]

เยะ+น = เย็น[엔]　　เจะ+บ = เจ็บ[쩹]

(4) แ─ะ[애] 뒤에 받침이 있으면 ะ를 생략하고 ็ 을 위에 붙여줍니다. → แ็_받침

예 แขะ+ง = แข็ง[캥]　　แมะ+ก = แม็ก[맥]

(5) โ─ะ[오] 뒤에 받침이 있으면 모음이 생략되고 자음과 받침 2자만 씁니다. → 자음+받침

예 โคะ+น = คน[콘]　　โละ+ม = ลม[롬]

โจะ+บ = จบ[쫍]　　โผะ+ม = ผม[폼]

[주의] '자음+받침'에서 ร 받침이 오면 [오] 모음으로 발음하지 않고 [어] 모음으로 발음합니다.

예 จร = จอน[전-]　　นร = นอน[넌-]

วร = วอน[원-]　　คร = คอน[컨-]

(6) เ─าะ[어] 뒤에 받침이 있으면 → ็อ_

예 เลาะ+ค = ล็อค[럭]　　เนาะ+ค = น็อค[넉]

(7) เ─อ[으ㅓ-] 장모음에 받침이 있으면 → เิ_

예 เดอ+น = เดิน[드ㅓㄴ-]　　เตอ+ม = เติม[뜨ㅓㅁ-]

เกอ+น = เกิน[끄ㅓㄴ-]　　เรอ+ญ = เริญ[르ㅓㄴ-]

[주의] เ-อ[으ㅓ-] 장모음에 ย 받침이 있으면 อ를 생략합니다.

예 เคอ+ย = เคย[크ㅓ이-]　　เตอ+ย = เตย[뜨ㅓ이-]

เนอ+ย = เนย[느ㅓ이-]　　เพอ+ย = เพย[프ㅓ이-]

(8) ◌ัว[우–어] 장모음에 받침이 있으면 ◌ั은 빠지고 받침만 붙습니다. → _ว_

예 พัว+ก = พวก[푸̂억–] ตัว+ง = ตวง[뚜̄엉–]

กัว+น = กวน[꾸̄언–] ลัว+ด = ลวด[루̄엇–]

5. 태국어 자음과 모음의 조합

한글이 자음과 모음의 조합으로 글자를 만들듯이 태국어도 자음과 모음의 조합으로 글자를 만듭니다.

모음[아]
초자음[ㅋ]
받침[ㅂ]
ㅋ+ㅏ+ㅂ = 캅 운전하다

6. 태국어의 성조

태국어는 우리말과 달리 글자마다 음의 높낮이, 즉 성조를 가지고 있습니다. 태국어의 성조는 모두 5개로, 평성, 1성, 2성, 3성, 4성으로 구분합니다. 그리고 태국어의 성조는 성조부호를 사용하는 유형성조와 성조부호가 없는 무형성조로 나뉘는데, 이 책에서는 편의상 한국어 음가 위에 성조부호를 '-ˋ^ˊˇ'로 표시했습니다.

●한국어 음가 위의 성조부호

평성	1성	2성	3성	4성
—	ˋ	^	ˊ	ˇ

- **평성** 처음부터 끝까지 보통 높이의 억양으로 일정하게 발음합니다.
- **1성** 소리를 낼 때 평성보다 더 낮아지는 음으로 발음합니다.
- **2성** 성조 표시는 '^'으로 하지만 실제 발음은 처음부터 쭉 올라가도록 발음합니다.
- **3성** 성조 표시는 '⸝'으로 하지만 실제 발음은 서서히 위로 끌어올리듯이 발음합니다.
- **4성** 낮은 음으로 발음하다가 중간에 음을 올려 발음합니다.

7. 성조의 법칙

태국어의 성조부호는 4개가 있는데, 각 성조마다 명칭이 있습니다. 이 책에서는 편의상 1성, 2성, 3성, 4성으로 구분하였습니다. 성조부호는 초자음의 오른쪽 상단에 붙는데, 성조부호가 있는 유형성조와 성조부호가 없는 무형성조로 나뉩니다. 유형성조와 무형성조를 이해하기 위해서는 먼저 초자음의 종류와 받침의 종류를 알아야 합니다.

● 태국어의 성조부호

1성	2성	3성	4성
่	้	๊	๋
엑	토	뜨리	짯따와

● 초자음의 종류(중자음/고자음/저자음)

초자음이 중자음이나 고자음일 경우에는 성조부호대로 발음하면 되지만, 저자음일 경우에는 위에 1성 표시가 있으면 2성으로 발음하고, 위에 2성 표시가 있으면 3성으로 발음합니다.

중자음	ก จ ฎ ด ฏ ต บ ป อ
고자음	ข ฉ ฐ ถ ผ ฝ ศ ษ ส ห
저자음	ค ฆ ง ช ซ ฌ ญ ฑ ฒ ณ ท ธ น พ ฟ ภ ม ย ร ล ว ฬ ฮ

- **중자음** 센소리로 발음하지 않고 보통 높이의 일정한 음으로 발음합니다
- **고자음** 낮은 음으로 발음하다가 중간에 음을 올려 발음합니다.

● 받침의 종류(생음/사음)

받침은 생음과 사음 두 가지로 구분합니다. 생음은 살아 있는 소리로 발음기관이 막히지 않고

계속 울리는 음이고, 사음은 생음과 반대의 죽은 소리로 발음기관의 어느 한 부분이 막혀 숨을 그치게 하는 음입니다.

생음					
모음	받침 ㅇ	받침 ㄴ	받침 ㅁ	받침 이	받침 우
장모음들 단모음 ◌ำ[암] ไ◌[아이] ใ◌[아이] เ◌า[아오]	ง	น ญ ณ ร ล ฬ	ม	ย	ว

사음			
모음	받침 ㄱ	받침 ㅅ	받침 ㅂ
단모음들	ก ข ค ฆ	จ ช ซ ฌ ฎ ฏ ฐ ฑ ด ต ถ ท ธ ศ ษ ส	บ ป พ ฟ ภ

지금까지 설명한 초자음(중자음/고자음/저자음)과 모음(장모음/단모음)과 받침(생음/사음)의 조합에 따라 성조가 어떻게 변화되는지 성조 법칙표를 보고 익히시기 바랍니다.

● 성조 법칙표

중자음 고자음 저자음 + 장모음/단모음 + 생음/사음 = 성조					
자음+모음+받침	평성	1성	2성	3성	4성
중자음+장모음	กา 까ー	ก่า 까ˇ	ก้า 까ˋ	ก๊า 까˜	ก๋า 까ˊ
중자음+단모음		จิ 찌ˇ	จิ้ 찌ˋ	จิ๊ 찌˜	จิ๋ 찌ˊ
중자음+장모음+생음	กาง 깡ー	ก่าง 깡ˇ	ก้าง 깡ˋ	ก๊าง 깡˜	ก๋าง 깡ˊ
중자음+장모음+사음		จ่าก 짝ˇ	จ้าก 짝ˋ	จ๊าก 짝˜	จ๋าก 짝ˊ

중자음+단모음+생음	ดิน 딘	ดิ่น 딘	ดิ๊น 딘	ดิ๋น 딘	ดิ้น 딘
중자음+단모음+사음		ปิด 삣	ปิ๊ด 삣	ปิ๋ด 삣	ปิ่ด 삣
고자음+장모음		ข่า 카	ข้า 카		ขา 카
고자음+단모음		สุ 쑤	สุ้ 쑤		
고자음+장모음+생음		ส่าน 싼	ส้าน 싼		สาน 싼
고자음+장모음+사음		ผาก 팍	ผ้าก 팍		
고자음+단모음+생음		หิ่น 힌	หิ้น 힌		หิน 힌
고자음+단모음+사음		สิบ 씹	สิ้บ 씹		
저자음+장모음	คา 카		ค่า 카	ค้า 카	
저자음+단모음			น่ะ 나	นะ 나	
저자음+장모음+생음	นาน 난		น่าน 난	น้าน 난	
저자음+장모음+사음			มาก 막	ม้าก 막	ม่าด 막
저자음+단모음+생음	พิง 핑		พิ่ง 핑	พิ้ง 핑	
저자음+단모음+사음			ลิบ 립	ลิบ 립	
ห+저자음+장모음		หน่า 나	หน้า 나	หนา 나	
ห+저자음+단모음		หมะ 마	หม้ะ 마		
ห+저자음+장모음+생음		หย่าง 양	หย้าง 양		หยาง 양
ห+저자음+장모음+사음		หยาบ 얍	หย้าบ 얍		
ห+저자음+단모음+생음		หมิ่ง 밍	หมิ้ง 밍		หมิง 밍
ห+저자음+단모음+사음		หลิบ 립	หลิ้บ 립		

● 정리

중자음＋장모음
중자음＋장모음＋생음　＝　평성
중자음＋단모음＋생음

중자음+단모음 중자음+장모음+사음 중자음+단모음+사음	= 1성
고자음+장모음 고자음+장모음+생음 고자음+단모음+생음	= 4성
고자음+단모음 고자음+장모음+사음 고자음+단모음+사음	= 1성
저자음+장모음 저자음+장모음+생음 저자음+단모음+생음	= 평성
저자음+단모음 저자음+단모음+사음	= 3성
저자음+장모음+사음	= 2성

기본표현

Part 01

การทักทาย 깐–탁타이–

인사

표현 익히기

สวัสดี ครับ
싸왓디– 크랍
안녕하세요.

สวัสดี ค่ะ
싸왓디– 카
안녕하세요.

남자: คุณ ชื่อ อะไร ครับ 쿤 츠– 아라이 크랍 성함이 어떻게 되세요? / 이름이 뭐예요?	여자: คุณ ชื่อ อะไร คะ 쿤 츠– 아라이 카
남자: ผม ชื่อ ○○○ ครับ 폼 츠– ○○○ 크랍 제 이름은 ○○○입니다. / 저는 ○○○입니다.	여자: ดิฉัน ชื่อ ○○○ ค่ะ 디찬 츠– ○○○ 카
남자: ยินดี ที่ ได้ รู้จัก ครับ (y)인디– 티– 다이 루–짝 크랍 만나서 반갑습니다.	여자: ยินดี ที่ ได้ รู้จัก ค่ะ (y)인디– 티– 다이 루–짝 카
남자: ยินดี ที่ ได้ รู้จัก เช่นกัน ครับ (y)인디– 티– 다이 루–짝– 첸깐 크랍 저도 만나서 반갑습니다.	여자: ยินดี ที่ ได้ รู้จัก เช่นกัน ค่ะ (y)인디– 티– 다이 루–짝 첸깐 카

기본회화

A **สวัสดี ครับ**
싸왓디– 크랍
안녕하세요.

B **สวัสดี ค่ะ**
싸왓디– 카
안녕하세요.

A **ผม ชื่อ แทฮัน ครับ**
폼 츠– 태–한 크랍
제 이름은 태한입니다.

คุณ ชื่อ อะไร ครับ
쿤 츠– 아라이 크랍
당신 이름은 뭐예요?

ยินดี ที่ ได้ รู้จัก ครับ
(y)인디– 티– 다이 루–짝 크랍
만나서 반갑습니다.

B **ดิฉัน ชื่อ ฮันนา ค่ะ**
디찬 츠– 한나– 카
저는 한나입니다.

ยินดี ที่ ได้ รู้จัก เช่นกัน ค่ะ
(y)인디– 티– 다이 루–짝 첸깐 카
저도 만나서 반갑습니다.

단어

ชื่อ[츠–]
이름, 성함

คุณ[쿤]
당신

อะไร[아라이]
무엇, 무슨

ยินดี[y인디–]
기쁘다

ที่[티–]
~것, ~인(한), ~에

ได้[다이]
되다, 할 수 있다

ที่ ได้[티– 다이]
되어서

รู้จัก[루–짝]
알다

ฉัน[찬]/**ดิฉัน**[디찬]
저, 제가, 나(여자)

เช่นกัน[첸깐]
또한, ~도

문법해설

1. ยินดี ที่ ได้ รู้จัก[(y)인디– 티– 다이 루–짝] 만나서 반갑습니다.

처음 만났을 때 하는 인사말입니다. 비슷한 표현으로는 'ดีใจ ที่ ได้ รู้จัก[디–짜이 티– 다이 루–짝]'이 있습니다.

2. เช่นกัน[첸깐] 또한, ~도

비슷한 뜻의 단어로는 'เช่นเดียวกัน[첸디야우–깐]'과 'เหมือนกัน[므안– 깐]'이 있습니다.

3. ค่ะ/ครับ[카/크랍] ~예요, ~이에요, ~입니다(존댓말)

태국어 문장을 존댓말로 쓸 때는 문장 끝에 ค่ะ/ครับ[카/크랍]을 붙이는데, 말하는 사람이 남성인지 여성인지에 따라 다릅니다.

말하는 사람이 남성인 경우, 평서문과 의문문에 상관없이 ครับ[크랍]이라고 씁니다.

말하는 사람이 여성인 경우, 의문문을 쓸 때는 คะ[카]로 쓰지만, 평서문을 쓸 때는 ค่ะ[카]를 씁니다.(ค = 저자음 + -ะ 단모음 = 3성)

남성) 의문문 **คุณ ชื่อ อะไร ครับ**[쿤 츠– 아라이 크랍] 성함이 어떻게 되세요?
평서문 **ผม ชื่อ ○○○ ครับ**[폼 츠– ○○○ 크랍] 저는 ○○○입니다.

여성) 의문문 **คุณ ชื่อ อะไร คะ**[쿤 츠– 아라이 카] 성함이 어떻게 되세요?
평서문 **ดิฉัน ชื่อ ○○○ ค่ะ**[폼 츠– ○○○ 카] 저는 ○○○입니다.

4. 태국어는 부호를 사용하지 않습니다

태국어는 우리말과 달리 평서문이나 의문문에 마침표, 물음표, 쉼표 등 문장부호를 사용하지 않습니다.

확인문제

1. 다음 빈칸에 태국어나 우리말을 써봅시다.

1) สวัสดี ค่ะ [　　　　　　　]   2) [　　　　　] 이름

3) ยินดี [　　　　　　　]   4) [　　　　　] 나/저(남)

5) รู้จัก [　　　　　　　]   6) [　　　　　] 또한/~도

2. 다음 태국어를 읽고 우리말로 해석해 봅시다.

1) คุณ ชื่อ อะไร ครับ

_____

2) ฉัน ชื่อ ○○○ ค่ะ

_____

3) ยินดี ที่ ได้ รู้จัก ค่ะ

_____

3. 다음 단어를 이용하여 태국어 문장을 만들어 봅시다.

> 예 남자: 안녕하세요.　　　　**สวัสดี ครับ**

여자: 안녕하세요.　_____

남자: 만나서 반갑습니다.　_____

정답

1. 1) 안녕하세요.　2) ชื่อ　3) 기쁘다/반갑다　4) ผม　5) 알다　6) เช่นกัน
2. 1) 당신은 이름이 뭐예요?　2) 저는 ○○○입니다　3) 만나서 반갑습니다.
3. 1) สวัสดี ค่ะ　2) ยินดี ที่ ได้ รู้จัก ครับ

Part 02

ประเทศ 쁘라텟-
국가/나라

단어 익히기

ประเทศ 쁘라텟- 나라, 국가

ประเทศ (국가) + ไทย (태국)

ประเทศไทย 쁘라텟-타이 태국

คน 콘 사람

คน (사람) + ไทย (태국)

คนไทย 콘타이 태국 사람

국가		사람 + 국가 = 국적	
ประเทศเกาหลี 쁘라텟-까오리-	한국	คนเกาหลี 콘까오리-	한국 사람
ประเทศอเมริกา 쁘라텟-아메-리까-	미국	คนอเมริกัน 콘아메-리깐	미국 사람
ประเทศญี่ปุ่น 쁘라텟-(y)이-뿐	일본	คนญี่ปุ่น 콘(y)이-뿐	일본 사람
ประเทศจีน 쁘라텟-찐-	중국	คนจีน 콘찐-	중국 사람
ประเทศไทย 쁘라텟-타이	태국	คนไทย 콘타이	태국 사람
ประเทศลาว 쁘라텟-라우-	라오스	คนลาว 콘라우-	라오스 사람
ประเทศเวียดนาม 쁘라텟-위얏-남-	베트남	คนเวียดนาม 콘위얏-남-	베트남 사람
ประเทศกัมพูชา 쁘라텟-깜푸-차-	캄보디아	คนกัมพูชา 콘깜푸-차-	캄보디아 사람
ประเทศสิงคโปร์ 쁘라텟-씽카뽀-	싱가포르	คนสิงคโปร์ 콘씽카뽀-	싱가포르 사람
ประเทศอังกฤษ 쁘라텟-앙끄릿	영국	คนอังกฤษ 콘앙끄릿	영국 사람
ประเทศเยอรมัน 쁘라텟-y으ㅓ-라만	독일	คนเยอรมัน 콘y으ㅓ-라만	독일 사람
ประเทศฝรั่งเศส 쁘라텟-Fㅏ랑쎗-	프랑스	คนฝรั่งเศส 콘Fㅏ랑쎗-	프랑스 사람
ประเทศรัสเซีย 쁘라텟-랏씨야-	러시아	คนรัสเซีย 콘랏씨야-	러시아 사람

기본회화

Q **คุณ เป็น คน ประเทศ อะไร คะ**
쿤 뻰 콘 쁘라텟- 아라이 카
당신은 어느 나라 사람이에요?

A **ผม เป็น คนเกาหลี ครับ**
폼 뻰 콘까오리- 크랍
저는 한국 사람이에요.

Q **คุณ มาจาก ประเทศ ไหน คะ**
쿤 마-짝- 쁘라텟- 나이 카
당신은 어느 나라에서 왔어요?

A **ผม มาจาก ประเทศเกาหลี ครับ**
폼 마- 짝- 쁘라텟-까오리- 크랍
저는 한국에서 왔어요.

Q **คุณ เป็น คนไทย ใช่ไหม คะ**
쿤 뻰 콘타이 차이마이 카
당신은 태국 사람이에요?

A **ใช่ ครับ ผม เป็น คนไทย ครับ**
차이 크랍 폼 뻰 콘타이 크랍
네(맞아요), 저는 태국 사람이에요.

■ 부정적인 질문

Q **คุณ ไม่ใช่ คนไทย ใช่ไหม คะ**
쿤 마이차이 콘타이 차이마이 카
당신은 태국 사람이 아니지요, 맞죠?

A **ใช่ ครับ ผม ไม่ใช่ คนไทย ครับ ผม**
차이 크랍 폼 마이차이 콘타이 크랍 폼
เป็น คนจีน ครับ
뻰 콘찐- 크랍
네(맞아요), 저는 태국 사람이 아니에요. 저는 중국 사람이에요.

단어

เป็น[뻰]
~이다

คุณ[쿤]
당신

อะไร[아라이]
무엇

มาจาก[마-짝-]
~에서 오다

มา[마-]
오다

ประเทศ[쁘라텟-]
나라

ไหน[나이]
어느

ประเทศเกาหลี
[쁘라텟-까오리-]
한국

ใช่[차이]
네(맞다)

ใช่ไหม
[차이마이]
~맞지요?, 그렇지요?(확인하는 의문사)

ไทย[타이]
태국

คนไทย[콘타이]
태국 사람

จีน[찐-]
중국

ไม่ใช่[마이차이]
아니다

문법해설

1. 긍정문 เป็น[뻰] ~이다 주어 + เป็น[뻰] + 체언

เป็น[뻰]은 '~이다'라는 뜻의 술어로, 주어 뒤에 쓰여 주어에 대한 정보를 주거나 설명하는 역할을 합니다.

ผม เป็น คนเกาหลี ครับ 저는 한국 사람이에요.
폼 뻰 콘까오리 크랍

ผม เป็น นักศึกษา ครับ 저는 대학생이에요.
폼 뻰 낙쓱싸– 크랍

> **นักศึกษา**[낙쓱싸–] 대학생

2. 부정문 ไม่ใช่[마이차이] ~이 아니다 주어 + ไม่ใช่[마이차이] + 체언

부정문의 경우는 '주어 + **ไม่ใช่**[마이차이] + 체언' 형태로 **เป็น**[뻰]이 아닌 **ไม่ใช**[마이차이]를 체언 앞에 써서 만듭니다.

ฉัน ไม่ใช่ คนไทย ค่ะ 저는 태국 사람이 아니에요.
찬 마이차이 콘타이 카

ผม ไม่ใช่ คนญี่ปุ่น ครับ 저는 일본 사람이 아니에요.
폼 마이차이 콘(y)이–뿐 크랍

3. 의문문 ใช่ไหม[차이마이] ~이지요, 맞죠?

의문사 **ใช่ไหม**[차이마이]는 어떤 상황이나 상대방의 행위, 의사 등을 확인하기 위해 물어볼 때 쓰입니다. 보통 맞는지의 여부에 대한 대답을 원하는 것으로, 한국어로는 '~이지요, 맞죠?'에 해당합니다.

● **긍정적**

คุณ เป็น คุณครู ใช่ไหม คะ 당신은 선생님이지요, 맞죠?
쿤 뻰 쿤크루– 차이마이 카

● **부정적**

คุณ ไม่ใช่ คุณครู ใช่ไหม ครับ 당신은 선생님이 아니지요, 맞죠?
쿤 마이차이 쿤크루– 차이마이 크랍

확인문제

1. 알맞은 것끼리 서로 연결하시오.

1) ประเทศ •	• 사람
2) คน •	• 한국
3) ประเทศเกาหลี •	• 태국 사람
4) คนไทย •	• 나라/국가

2. 다음 태국어를 읽고 우리말로 해석해 봅시다.

1) คุณ มาจาก ประเทศ อะไร คะ

____

2) ฉัน มาจาก ประเทศไทย ค่ะ

____

3. 다음 주어진 단어를 이용하여 문장을 만들어 봅시다.

1) ฉัน ค่ะ เป็น คนเกาหลี (저는 한국 사람이에요.)

____

2) ไม่ใช่ ผม ครับ คนญี่ปุ่น (저는 일본 사람이 아니에요.)

____

3) คุณ ครับ เป็น ใช่ไหม คนจีน (당신은 중국 사람이지요, 맞죠?)

____

정답

1. 1) ประเทศ–나라/국가 2) คน–사람 3) ประเทศเกาหลี–한국 4) คนไทย–태국 사람
2. 1) 당신은 어느 나라에서 왔어요? 2) 저는 태국에서 왔어요.
3. 1) ฉัน เป็น คนเกาหลี ค่ะ 2) ผม ไม่ใช่ คนญี่ปุ่น ครับ 3) คุณ เป็น คนจีน ใช่ไหม ครับ

Part 03 สบาย ดี 싸바이– 디–

안부 인사(잘 지내요)

표현 익히기

สบาย ดี ไหม ครับ
싸바이– 디– 마이 크랍
안녕하세요.
สบาย ดี ค่ะ
싸바이– 디– 카
잘 지내요.
ไม่ค่อย สบาย ครับ
마이커이– 싸바이– 크랍
별로 안 좋아요.

Q **ช่วงนี้ เป็น อย่างไร บ้าง (ครับ/คะ)** 추엉–니– 뻰 양–라이 방– (크랍/카) 요즘에 어때요?	**A1** **สบาย ดี (ครับ/ค่ะ)** 싸바이– 디– (크랍/카) 잘 지내요.
	A2 **ยุ่ง นิดหน่อย (ครับ/ค่ะ)** 융 닛너이– (크랍/카) 조금 바빠요.
	A3 **เรื่อยๆ (ครับ/ค่ะ)** 르아이–르아이– (크랍/카) 그냥 그래요.
	A4 **เหนื่อย มาก (ครับ/ค่ะ)** 느아이– 막– (크랍/카) 너무 힘들어요.(피곤해요)

기본회화

A **สวัสดี ครับ**
싸왓디– 크랍
안녕하세요.

B **สวัสดี ค่ะ**
싸왓디– 카
안녕하세요.

A **คุณ สบาย ดี ไหม ครับ**
쿤 싸바이– 디– 마이 크랍
당신은 잘 지내요?

B **สบาย ดี ค่ะ แล้ว คุณ ล่ะ คะ**
싸바이– 디– 카 래우– 쿤 라 카
잘 지내요. 당신은요?

ช่วงนี้ เป็น อย่างไร บ้าง คะ
추엉–니– 뻰 양–라이 방– 카
요즘 어때요?

A **สบาย ดี เช่นกัน ครับ**
싸바이 디– 첸깐 크랍
저도 잘 지내요.

แต่ ช่วงนี้ งาน ยุ่ง มากๆ ครับ
때– 추엉–니– 응안– 융 막–막– 크랍
하지만 요즘 일이 너무너무 바빠요.

단어

สบาย[싸바이–]
편안하다, 편하다

บ้าง[방–]
좀, 약간, 가끔

ช่วงนี้[추엉–니–]
요즘

อย่างไร[양–라이]
어떤, 어떻게

เช่นกัน[첸깐]
또한

แต่[때–]
하지만

งาน[응안–]
일

ยุ่ง[융]
바쁘다

มากๆ[막–막–]
너무너무

문법해설

1. ๆ[마이야목] 두 번 발음하기

ๆ[마이야목]은 단어나 문장의 뒤에 붙으면 해당 단어 및 문장을 반복하여 읽는다는 의미를 가집니다. 이때 ๆ이 붙어 있는 단어는 뜻이 더욱 강조되거나 복수형으로 바뀝니다.

ดีๆ 디–디–	좋아 좋아./좋게 ~해라.
พูด ดีๆ 풋– 디–디–	좋게 말해라.
ไฟไหม้ๆ F ㅏ이마이 F ㅏ이마이	불이야 불이야!
ชอบ มากๆ 첩– 막–막–	너무너무 좋아해요.
เด็กๆ 덱덱	아이들
ง่ายๆ 응아이–응아이–	너무너무 쉽다.

ดี[디–] 좋다
พูด[풋–] 말하다
มาก[막–] 너무, 매우
ชอบ[첩–] 좋아하다

2. ล่ะคะ[라 카] / ล่ะ ครับ[라 크랍] ~는요?

명사 + ล่ะ คะ / ล่ะ ครับ = ~는요?

คุณ ล่ะ ครับ 쿤 라 크랍	당신은요?
남: ผม ล่ะ ครับ 폼 라 크랍	저는요? / 나는요?
여: ฉัน ล่ะ คะ 찬 라 카	저는요?

확인문제

1. 다음 말에 알맞은 것을 고르시오.

1) สบาย ดี ไหม ครับ　　A. สบาย ดี ค่ะ　　B. ชอบ ค่ะ

2) ช่วงนี้ เป็น อย่างไร บ้าง คะ　　A. นิด หน่อย ค่ะ　　B. ยุ่ง มาก ค่ะ

2. 다음 태국어를 읽고 우리말로 해석해 봅시다.

1) ช่วงนี้ เป็น อย่างไร บ้าง คะ

____

2) ดี มากๆ

____

3. 다음 한국어를 읽고 태국어로 써 봅시다.

1) 일이 너무너무 바빠요.

____

2) 잘 지내요.

____

3) 조금.

____

정답

1. 1) A　2) B
2. 1) 요즘 어때요?　2) 너무너무 좋아.
3. 1) งาน ยุ่ง มากๆ ค่ะ/ครับ　2) สบาย ดี ค่ะ/ครับ　3) นิดหน่อย

Part 04

สรรพนาม 쌉파남–
대명사

단어 익히기

ผม 폼 1인칭 = 나/저(남자)

ฉัน / ดิฉัน 찬/디찬 1인칭 = 나/저(여자)

대명사	의미
หนู 누–	1인칭 = 나, 저(여성이 사용, 자녀가 부모에게, 학생이 선생님에게, 어린이가 어른에게)
คุณ 쿤	2인칭 = 당신, ~씨
ท่าน 탄–	2인칭 = 당신, 그분, 저분(존경을 표하는 접두사)
เขา 카오	3인칭 = 그, 그 사람
เธอ 트ㅓ–	2인칭 = 너, 당신, 대등한 관계나 여성(3인칭 = 그녀)
เรา/พวกเรา 라오/푸억–라오	1인칭 복수 = 우리, 우리들
พวกเขา 푸억–카오	3인칭 복수 = 그들
มัน 만	그것

소유대명사	의미
ของ ผม 컹– 폼	나의, 저의(남성)
ของ ฉัน 컹– 찬	나의, 저의(여성)
ของ หนู 컹– 누–	나의, 저의(여성이 사용, 자녀가 부모에게, 학생이 선생님에게, 어린이가 어른에게)
ของ คุณ 컹– 쿤	당신의
ของ เขา 컹– 카오	그의
ของ เธอ 컹– 트ㅓ–	그녀의
ของ เรา 컹– 라오–	우리의
ของ มัน 컹– 만	그것의

기본회화

A **เขา เป็น ใคร ครับ**
카오– 뻰 크라이 크랍
그는 누구세요?

B **เขา เป็น คุณครู ของ ดิฉัน ค่ะ**
카오– 뻰 쿤크루– 컹– 디찬 카
그는 저의 선생님입니다.

A **นี่ เป็น ของ ใคร ครับ**
니– 뻰 컹– 크라이 크랍
이것은 누구 거예요?

B **นี่ เป็น ของ พวกเรา ค่ะ**
니– 뻰 컹– 푸억–라오 카
이것은 우리 거예요.

นี่ เป็น ของ คุณ ใช่ไหม คะ
니– 뻰 컹– 쿤 차이마이 카
이것은 당신 거예요?(맞지요?)

A **ใช่ ครับ นี่ เป็น ของ ผม ครับ**
차이 크랍 니– 뻰 컹– 폼 크랍
네, 맞아요. 이것은 제 거예요.

단어

เขา[카오–]
그(3인칭)

ใคร[크라이]
누구

ของ[컹–]
~의, 것, 물건

คุณครู[쿤크루–]
선생님

นี่[니–]
이것

ใช่ไหม
[차이마이]
~맞지요?, 그렇지요?(확인하는 의문사)

문법해설

소유격 ของ 용법

1. ของ(~의) + 명사

ของ[컹ˇ–]은 '~의'라는 뜻을 가진 소유격입니다.

ของ[컹ˇ–] 의 + ฉัน[찬ˇ] 나
→ **ของ ฉัน** 컹ˇ– 찬ˇ 나의

ของ[컹ˇ–] 의 + คุณแม่[쿤̄매̂–] 어머니
→ **ของ คุณแม่** 컹ˇ– 쿤̄매̂– 어머니의

2. 주어 + ของ(~의) 소유대명사

문장을 만들 때는 '주어 + **ของ**(~의) 소유대명사' 형태로 만듭니다.

บ้าน[반̂–] 집 + ของ[컹ˇ–] 의 คุณพ่อ[쿤̄퍼̂–] 아버지
→ **บ้าน ของ คุณพ่อ** 반̂– 컹ˇ– 쿤̄퍼̂– 아버지의 집

หนังสือ[낭ˇ쓰ˇ–] 책 + ของ[컹ˇ–] 의 น้อง[넝ˊ–] 동생
→ **หนังสือ ของ น้อง** 낭ˇ쓰ˇ– 컹ˇ– 넝ˊ– 동생의 책

คุณแม่[쿤̄매̂–]	어머니
คุณพ่อ[쿤̄퍼̂–]	아버지
บ้าน[반̂–]	집
น้อง[넝ˊ–]	동생
หนังสือ[낭ˇ쓰ˇ–]	책

문형 익히기

นี่ เป็น หนังสือ ของ ฉัน 이것은 나의 책입니다.
니̂– 뻰̄ 낭ˇ–쓰ˇ– 컹ˇ– 찬ˇ

1. **ของ คุณ** 당신의
컹ˇ– 쿤̄

2. **ของ คุณครู** 선생님의
컹ˇ– 쿤̄크루̄–

3. **ของ เธอ** 그녀의
컹ˇ– 트̄ㅓ–

4. **ของ เรา** 우리의
컹ˇ– 리̄오–

확인문제

1. 다음 빈칸에 태국어나 우리말을 써 봅시다.

1) 당신 ______ 2) ฉัน ______

3) 우리 ______ 4) เขา ______

5) 누구의 것 ______ 6) ของ คุณแม่ ______

2. 다음 태국어를 읽고 우리말로 해석해 봅시다.

1) นี่ เป็น ของ ใคร ครับ

______

2) นี่ เป็น หนังสือ ของ คุณ ใช่ไหม คะ

______

3) เธอ เป็น แม่ ของ ฉัน ค่ะ

______

3. 다음 주어진 단어를 이용하여 문장을 만들어 봅시다.

1) ฉัน บ้าน ของ (나의 집)

______

2) ครับ เป็น ใคร นี่ ของ (이것은 누구 거예요?)

______

정답

1. 1) คุณ 2) 나/저 3) เรา 4) 그는 5) ของ ใคร 6) 어머니의
2. 1) 이것은 누구 거예요? 2) 이 책은 당신의 것입니까?(맞지요?) 3) 그녀는 저의 어머니예요.
3. 1) บ้าน ของ ฉัน 2) นี่ เป็น ของ ใคร ครับ

회화 익히기

A สวัสดี ค่ะ
싸왓디– 카

B คุณ พลอยดาว สบาย ดี ไหม ครับ
쿤 프러이–다우– 싸바이– 디– 마이 크랍

A สบาย ดี ค่ะ คุณ พิชชา ล่ะคะ เป็น อย่างไร บ้าง คะ
싸바이– 디– 카 쿤 핏–차– 라카 뻰 양–라이 방– 카

B สบาย ดี เช่นกัน ครับ แต่ งาน ยุ่ง มากๆ ครับ
싸바이– 디– 첸깐 크랍 때– 응안– 융 막–막– 크랍

A คุณ คนนี้ เป็น ใคร หรือ คะ
쿤 콘니– 뻰 크라이 르 카

B เธอ เป็น เพื่อน ของ ผม ครับ ผม ขอ แนะนำ เพื่อน ของ ผม ให้ รู้จัก ครับ
트ㅓ– 뻰 프안– 컹– 폼 크랍 폼 커– 내남 프안– 컹– 폼 하이 루–짝 크랍

C ยินดี ที่ ได้ รู้จัก ค่ะ ดิฉัน ชื่อ ณภัทร ค่ะ
(y)인디– 티– 다이 루–짝 카 디찬 츠– 나팟 카

ฉัน มาจาก ประเทศสเปน ค่ะ
찬 마–짝– 쁘라텟–싸뻰– 카

A ฉัน ชื่อ พลอยดาว ค่ะ ยินดี ที่ ได้ รู้จัก เช่นกัน ค่ะ
찬 츠– 프러이–다우– 카 (y)인디– 티– 다이 루–짝 첸깐 카

C คุณ เป็น คนสเปน ใช่ไหม คะ
쿤 뻰 콘싸뻰– 차이마이 카

A ไม่ใช่ ค่ะ ฉัน เป็น คนเกาหลี ค่ะ แต่ อาศัย อยู่ ที่ ประเทศสเปน ค่ะ
마이차이 카 찬 뻰 콘까오리– 카 때– 아–싸이– 유– 티– 쁘라텟–싸뻰– 카

해석

A 안녕하세요.
B 프러이다우 씨, 잘 지냈어요?
A 잘 지냈어요. 핏차 씨는 어땠어요?
B 저도 잘 지냈어요. 그렇지만 일이 너무 바빠요.
A 이분은 누구세요?
B 그녀는 저의 친구예요. 저의 친구를 소개할게요.
C 반갑습니다. 저는 나팟입니다. 스페인에서 왔어요.
A 저는 프러이다우예요. 저도 반가워요.
C 당신은 스페인 사람이에요?(맞지요?)
A 아니에요. 저는 한국 사람이에요. 하지만 저는 스페인에 살아요.

태국식 인사 '와이(ไหว้)' 합장

'와이(ไหว้)'는 오래전부터 내려온 태국의 전통 인사 예법으로서, 서로 상대방에게 존경함을 나타내는 행동입니다. '와이'는 고마움과 미안함을 표현하거나 헤어질 때 나누는 인사로도 사용됩니다.

'와이'는 손가락을 모은 채 두 손을 겹칩니다. 상대방이 '와이'로 인사를 할 경우에는 인사를 받는 상대도 '와이'로 화답합니다. '와이'로 인사하는 상대방에 따라 손의 위치가 달라집니다.

● 스님에게 인사할 때

두 손을 모아 엄지의 끝이 미간에, 검지의 끝이 이마의 끝에 닿게 손을 올리고 고개를 '깊게' 숙여 인사합니다.

● 부모님에게 인사할 때

두 손을 모아 엄지의 끝이 코 끝에, 검지의 끝이 미간에 닿게 손을 올리고 고개를 숙여 인사합니다.

● 선생님에게 인사할 때

두 손을 모아 엄지의 끝이 입술에, 검지의 끝이 코에 닿게 손을 올리고 고개를 숙여 인사합니다.

● 어른에게 인사할 때

두 손을 모아 엄지의 끝이 턱 끝에, 검지의 끝이 입술에 닿게 손을 올리고 고개를 숙여 인사합니다.

● 친구 또는 또래에게 인사할 때

두 손을 가슴 앞에 모으고, 검지의 끝이 턱에 닿도록 고개를 숙여 인사합니다.

Part 05 คำถาม 카̄탐–
의문사

단어 익히기

ที่ไหน 티̂–나̌이 어디

เท่าไร 타̂오라̄이 얼마나, 얼마

의문사	뜻
อะไร 아̀라̄이	무엇, 무슨
ใคร 크라̄이	누구
อย่างไร 양̀–라̄이	어떻게
เมื่อไร 므̂아–라̄이	언제
ทำไม 탐̄마̄이	왜
ไหน / ใด 나̌이 / 다̄이	어느, 어떤
กี่ 끼̀–	몇
เพราะว่า 프́러와̂–	왜냐하면

기본회화

Q **คุณ อยู่ ที่ไหน ครับ**
쿤 유- 티-나이 크랍
당신은 어디에 있어요?

A **ฉัน อยู่ ที่ บ้าน ค่ะ**
찬 유- 티- 반- 카
저는 집에 있어요.

Q **คุณ ไป ประเทศไทย เมื่อไร ครับ**
쿤 빠이 쁘라텟-타이 므아-라이 크랍
태국에 언제 가요?

A **ฉัน จะ ไป วันอังคาร อาทิตย์หน้า ค่ะ**
찬 짜 빠이 완앙칸- 아-팃나- 카
다음 주 화요일에 가요.

Q **นี่ ราคา เท่าไร ครับ**
니- 라-카- 타오라이 크랍
이것은 가격이 얼마예요?

A **ราคา 200 บาท ค่ะ**
라-카- 썽-러이- 밧- 카
가격이 200바트예요.

단어

ที่ไหน[티-나이]
어디

บ้าน[반-]
집

อยู่[유-]
있다

เมื่อไร[므아-라이]
언제

ไป[빠이]
가다

อาทิตย์หน้า
[아-팃나-]
다음 주

วันอังคาร[완앙칸-]
화요일

นี่[니-]
이것

ราคา[라-카-]
가격

เท่าไร[타오라이]
얼마

บาท[밧-]
바트(태국 돈)

문법해설

1. 긍정문

태국어의 기본 문장 구조는 영어식으로 긍정문의 형식은 다음과 같습니다.

주어 + 술어 + 목적어

ผม ชอบ อาหาร ไทย ครับ 저는 태국 음식을 좋아해요.

폼 첩– 아–한– 타이 크랍

ผม ไป โรงเรียน ครับ 저는 학교에 가요.

폼 빠이 롱–리안– 크랍

ผม กิน ข้าวผัด ครับ 저는 볶음밥을 먹어요.

폼 낀 카우–팟 크랍

2. 부정문

과거를 부정할 때 제외하고 술어 앞에 부정의 의미인 **ไม่**[마이]를 놓습니다.

주어 + ไม่[마이](~아니다) 술어 + 목적어

ผม ไม่ ชอบ ผักชี ครับ 나는 고수를 좋아하지 않아요.

폼 마이 첩– 팍씨– 크랍

ปกติ ฉัน ไม่ ดื่ม เหล้า ค่ะ 보통 저는 술을 마시지 않아요.

뻑까띠 찬 마이 듬– 라오– 카

3. 의문문

태국어는 상대방의 의사를 물어볼 때 문장 끝에 의문사 **ไหม**[마이]를 붙여 의문문을 만듭니다. 그리고 태국어는 일반적으로 문장부호를 사용하지 않기 때문에 **ไหม**[마이]가 의문부호 '?'에 해당한다고 볼 수 있습니다.

주어 + 술어 + 목적어 + ไหม[마이] + คะ/ครับ[카/크랍]

ไหม[마이] (문어)
มั้ย[마이] (구어)

태국어는 물음표를 안 쓰기 때문에 → ไหม = ?

คุณ ชอบ อาหาร เกาหลี ไหม ครับ 당신은 한국 음식을 좋아해요?

쿤 첩– 아–한– 까오리– 마이 크랍

คุณ ดู ละคร ไหม คะ 당신은 드라마를 봐요?

쿤 두– 라컨– 마이 카

확인문제

1. 다음 빈칸에 태국어나 우리말을 써 봅시다.

1) อะไร [　　　　] 　　 2) [　　　　] 왜

3) ที่ไหน [　　　　] 　　 4) [　　　　] 누구

5) เมื่อไร [　　　　] 　　 6) [　　　　] 어떻게

2. 다음 태국어를 읽고 우리말로 해석해 봅시다.

1) คุณ ไป ประเทศเกาหลี เมื่อไร ครับ

_____

2) นี่ ราคา เท่าไร ครับ

_____

3) เขา อยู่ ที่ไหน คะ

_____

3. 다음 주어진 단어를 이용하여 문장을 만들어 봅시다.

1) บ้าน ไม่ เขา อยู่ ที่ ครับ (그는 집에 없어요.)

_____

2) ไป คุณ ที่ไหน คะ (당신은 어디에 가요?)

_____

정답
1. 1) 무엇/뭐   2) 빠ม   3) 어디   4) 누구   5) 언제   6) 아ร างไร
1. 1) 무엇/뭐   2) 뭐하ม   3) 어디   4) 누구   5) 언제   6) 아ย่างไร
2. 1) 당신은 한국에 언제 가요?   2) 이것은 가격이 얼마예요?   3) 그는 어디에 있어요?
3. 1) เขา ไม่ อยู่ ที่ บ้าน ครับ   2) คุณ ไป ที่ไหน คะ

The 정답 box:
1. 1) 무엇/뭐   2) ทำไม   3) 어디   4) ใคร   5) 언제   6) อย่างไร
2. 1) 당신은 한국에 언제 가요?   2) 이것은 가격이 얼마예요?   3) 그는 어디에 있어요?
3. 1) เขา ไม่ อยู่ ที่ บ้าน ครับ   2) คุณ ไป ที่ไหน คะ

Part 06

ชอบ / ไม่ชอบ 첩- / 마이첩-

좋아하다/싫어하다

단어 익히기

กิน 낀 먹다

ไป 빠이 가다

ชอบ 첩-	좋아하다
ไม่ชอบ 마이첩-	싫어하다
ทาน 탄-	드시다
อาหารไทย 아-한-타이	태국 음식
อาหารเกาหลี 아-한-까오리-	한국 음식
อร่อย 아러이-	맛있다
ไม่อร่อย 마이아러이-	맛없다
ออกกำลังกาย 억-깜랑까이-	운동하다
อ่านหนังสือ 안-낭쓰-	독서하다
อาหาร เผ็ด 아-한- 펫	매운 음식
ขนม 카놈	과자
ผักชี 팍씨-	고수

단어

Q **ใคร คือ นักร้อง ที่ คุณ ชอบ คะ**
크라이 크- 낙렁- 티 쿤 첩- 카
좋아하는 가수가 누구입니까?(어떤 가수를 좋아합니까?)

A **ผม ชอบ ○○○ ครับ**
폼 첩- 크랍
○○○를 좋아해요.

Q **อาหารไทย อะไร ที่ คุณ ชอบ คะ**
아-한-타이 아라이 티 쿤 첩- 카
좋아하는 태국 음식은 뭐예요?

A **ผม ชอบ กิน ส้มตำ มาก ครับ**
폼 첩- 낀 쏨땀 막- 크랍
저는 쏨땀을 너무 좋아해요.

Q **ทำไม คุณ ไม่ชอบ ทาน ผักชี คะ**
탐마이 쿤 마이첩- 탄- 팍씨- 카
왜 당신은 고수 먹는 걸 싫어하세요?

A **เพราะว่า กลิ่น ของ มัน แรง ครับ**
프러와- 끄린 컹- 만 랭- 크랍
왜냐하면 그것은 냄새가 강해요.

แต่ บางคน บอก ว่า ชอบ มาก และ
때- 방콘 벅- 와- 첩- 막- 래
อร่อย ครับ
아러이- 크랍
그렇지만 누군가 너무 좋아하고 맛있다고 말했어요.

ใคร[크라이]
누구

นักร้อง[낙렁-]
가수

อาหาร[아-한-]
음식

ส้มตำ[쏨땀]
쏨땀(음식명)

มาก[막-]
너무, 매우

ทำไม[탐마이]
왜

ผักชี[팍씨-]
고수

เพราะว่า[프러와-]
왜냐하면

กลิ่น[끄린]
냄새

แรง[랭-]
강하다, 세다, 심하다

แต่[때-]
하지만, 그렇지만

บางคน[방-콘]
누군가

บอก[벅-]
말하다

문법해설

1. 긍정문

ชอบ[첩–]은 '좋아하다'라는 뜻의 동사로 뒤에 동사가 옵니다.

ชอบ[첩–] 좋아하다 **+ 동사**

ฉัน ชอบ ดู หนัง ค่ะ 나는 영화 보는 것을 좋아합니다.
찬 첩– 두– 낭 카

ฉัน ชอบ กิน ขนม ค่ะ 나는 과자 먹는 것을 좋아합니다.
찬 첩– 낀 카놈 카

> ดู[두–] 보다
> หนัง[낭] 영화

2. 부정문

ไม่ชอบ[마이첩–]은 '싫어하다'라는 뜻의 동사로 뒤에 동사가 옵니다.

주어 + ไม่ชอบ[마이첩–] 싫어하다 **+ 동사**

ฉัน ไม่ชอบ ไป ที่ นั่น ค่ะ 나는 거기에 가기를 싫어합니다.
찬 마이첩– 빠이 티– 난 카

ผม ไม่ชอบ อ่าน หนังสือ ครับ 나는 책 읽기를 싫어합니다.
폼 마이첩– 안– 낭쓰– 크랍

3. 부정 형태의 의문문

주어 + ไม่ชอบ[마이첩–] 싫어하다 **+ 동사 + หรือ**[르–] **+ คะ/ครับ**[카/크랍]

หรือ[르–]는 의문문의 뒤에 오는 조사로 '~입니까?'의 뜻입니다.

คุณ ไม่ชอบ ทาน อาหารไทย หรือ ครับ 당신은 태국 음식을 싫어하세요?
쿤 마이첩– 탄 아–한–타이 르– 크랍

확인문제

1. 다음 빈칸에 태국어나 우리말을 써 봅시다.

   1) ชอบ   2)   먹다

   3) ไม่ชอบ   4)   한국 음식

   5) อาหารไทย   6)   맛있다

2. 다음 한국어를 읽고 태국어로 해석해 봅시다.

   1) ใคร คือ นักร้อง ที่ คุณ ชอบ คะ/ครับ

   ——————————————————————————

   2) อาหารไทย อะไร ที่ คุณ ชอบ คะ/ครับ

   ——————————————————————————

   3) คุณ ชอบ กิน ผักชี ไหม คะ/ครับ

   ——————————————————————————

3. 태국어 문법에 맞게 한국어를 태국어로 써 봅시다.

   1) 긍정문(나는 태국 음식 먹기를 좋아해요.)

   ——————————————————————————

   2) 부정문(나는 영화 보기를 싫어해요.)

   ——————————————————————————

   3) 의문문(당신은 고수 먹기를 싫어하세요?)

   ——————————————————————————

> **정답**
> 1. 1) 좋아하다   2) กิน   3) 싫어하다   4) อาหารเกาหลี   5) 태국 음식   6) อร่อย
> 2. 1) 좋아하는 가수가 누구입니까?   2) 좋아하는 태국 음식은 뭐예요?   3) 당신은 고수 먹기를 좋아하세요?
> 3. 1) ผม/ฉัน ชอบ กิน อาหารไทย ครับ/ค่ะ   2) ผม/ฉัน ไม่ชอบ ดู หนัง ครับ/ค่ะ   3) คุณ ไม่ชอบ กิน ผักชี หรือ
> ครับ/คะ

Part 07

ตัวเลข 뚜어-렉-
숫자

단어 익히기

ราคา 라-카- 가격　　เงิน 응으ㅓㄴ 돈　　อายุ 아-유 나이　　ปี 삐- 년, 살

หน่วย 누어이- 1단위	สิบ 씹 10단위
ร้อย 러이- 100단위	พัน 판 천 단위
หมื่น 믄- 만 단위	แสน 쌘- 10만 단위
ล้าน 란- 100만 단위	

●숫자

0 쑨-	1 능	2 썽-	3 쌈-	4 씨-	5 하-	6 혹	7 쩻	8 뺏-	9 까오	10 씹
๐ (ศูนย์)	๑ (หนึ่ง)	๒ (สอง)	๓ (สาม)	๔ (ส)	๕ (ห้า)	๖ (หก)	๗ (เจ็ด)	๘ (แปด)	๙ (เก้า)	สิบ

11 씹엣	21 y이-씹 엣
99 까오씹 까오	101 능러이- 엣
550 하-러이- 하-씹	2,701 썽-판 쩻러이- 엣
15,000 능믄- 하-판	268,976 썽-쌘- 혹믄- 뺏-판 까오러이- 쩻씹 혹

*10단위부터 1이 있으면 เอ็ด[엣]으로 읽습니다.

기본회화

■ 나이 묻기

Q **คุณ อายุ เท่าไร คะ**
쿤 아-유 타오라이 카
당신은 나이가 몇이에요?

A **ผม อายุ 31 ปี ครับ**
폼 아-유 쌈-씹엣 삐- 크랍
저는 31살이에요.

Q **คุณ อายุ กี่ ปี คะ**
쿤 아-유 끼- 삐- 카
당신은 몇 살이에요?

A **อายุ 29 ปี ครับ**
아-유 (y)이-씹까오 삐- 크랍
저는 29살이에요.

■ 가격 물어보기

Q **ราคา เท่าไร คะ**
라-카- 타오라이 카
가격이 얼마예요?

A **500 บาท ครับ**
하-러이- 밧- 크랍
500바트입니다.

Q **คุณ จ่าย เงิน เท่าไร คะ**
쿤 짜이- 응으ㅓㄴ 타오라이 카
당신은 얼마를 지불했어요?

A **ผม จ่าย เงิน 2,001 บาท ครับ**
폼 짜이- 응으ㅓㄴ 썽-판엣 밧- 크랍
저는 2001바트를 지불했어요.

단어

เท่าไร[타오라이]
얼마, 몇, 얼마나

กี่[끼-]
몇, 얼마

อายุ[아-유]
나이

ปี[삐-]
년

ราคา[라-카-]
가격

บาท[밧-]
밧(태국 화폐단위)

จ่าย[짜이-]
지불하다, 사다

수식사 **เท่าไร**[타오라이] 얼마나, 얼마, 몇

1. 명사 + **เท่าไร**[타오라이]

อายุ[아-유] 나이 + **เท่าไร**[타오라이] 몇
→ **อายุ เท่าไร คะ** 아-유 타오라이 카 나이가 몇이에요?

ราคา[라-카-] 가격 + **เท่าไร**[타오라이] 얼마
→ **ราคา เท่าไร คะ** 라-카- 타오라이 카 가격이 얼마예요?

จำนวน[짬누언-] 수량 + **เท่าไร**[타오라이] 얼마
→ **จำนวน เท่าไร คะ** 짬누언- 타오라이 카 수량이 얼마예요?

2. 기간을 물어볼 때

동사/문장 + นาน[난-] 오래 + **เท่าไร/กี่ปี**

คุณ อยู่ ที่ ประเทศเกาหลี นาน กี่ ปีแล้ว ครับ 당신은 한국에서 몇 년 살았어요?
쿤 유- 티- 쁘라텟-까오리- 난- 끼- 삐- 래우- 크랍

ใช้เวลา นาน เท่าไร คะ 시간이 얼마나 걸려요?
차이외-라- 난- 타오라이 카

ฉัน อายุ 31(สามสิบเอ็ด) **ปี ค่ะ** 저는 31살입니다.
찬 아-유 쌈-씹엣 삐- 카

1. 20(ยี่สิบ) 이-씹   **2.** 42(สี่สิบสอง) 씨-씹썽-

3. 18(สิบแปด) 씹빼ㅅ-

확인문제

1. 다음 빈칸에 태국어나 우리말을 써 봅시다.

1) **อายุ** ______ 2) ______ 돈

3) **ราคา** ______ 4) ______ 몇

5) **เท่าไร** ______ 6) ______ 년

2. 다음 숫자를 읽고 태국어로 써 봅시다.

1) 3,458

______

2) 523,895

______

3) 26,101

______

3. 다음 한국어를 읽고 태국어로 써 봅시다.

1) 나이가 몇이에요?

______

2) 가격이 얼마예요?

______

Part 08

วัน / เดือน / ปี 1 완 / 드안- / 삐- 능

요일/월(달)/년 1

단어 익히기

●วัน 완 일

เมื่อวานซืน	เมื่อวาน	วันนี้	พรุ่งนี้	วันมะรืน
므아-완-쓴-	므아-완-	완니-	프룽니-	완마른-
그저께	어제	오늘	내일	모레

●สัปดาห์ 쌉다- 주

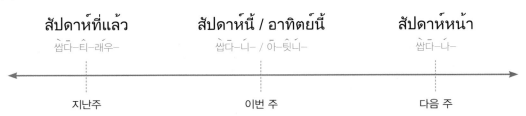

สัปดาห์ที่แล้ว	สัปดาห์นี้ / อาทิตย์นี้	สัปดาห์หน้า
쌉다-티-래우-	쌉다-니- / 아-팃니-	쌉다-나-
지난주	이번 주	다음 주

●เดือน 드안- 월/달

2 เดือนที่แล้ว	เดือนที่แล้ว	เดือนนี้	เดือนหน้า	2 เดือนหน้า
썽-드안-티-래우-	드안-티-래우-	드안-니-	드안-나-	썽-드안-나-
2달 전	지난달	이번 달	다음 달	2달 후

●ปี 삐- 년

2 ปีที่แล้ว	ปีที่แล้ว	ปีนี้	ปีหน้า
썽-삐-티-래우-	삐-티-래우-	삐-니-	삐-나-
2년 전	작년	올해	내년

기본회화

Q **พรุ่งนี้ คุณ จะ ทำ อะไร ครับ**
프룽니- 쿤 짜 탐 아라이 크랍
내일 뭐 할 거예요?

A **พรุ่งนี้ ฉัน จะ ไป ดู หนัง ค่ะ**
프룽니- 찬 짜 빠이 두- 낭 카
내일 영화를 보러 갈 거예요.

Q **คุณ จะ สอบ เมื่อไร ครับ**
쿤 짜 썹- 므아-라이 크랍
언제 시험을 볼 거예요?

A **ฉัน จะ สอบ ปีหน้า ค่ะ**
찬 짜 썹- 삐-나- 카
내년에 시험을 볼 거예요.

Q **คุณ ไป ประเทศไทย เมื่อไร ครับ**
쿤 빠이 쁘라텟-타이 므아-라이 크랍
당신은 태국에 언제 갔어요?

A **ฉัน ไป ประเทศไทย เมื่อ ปีที่แล้ว ค่ะ**
찬 빠이 쁘라텟-타이 므아- 삐-티-래우- 카
작년에 태국에 갔어요.

단어

- **พรุ่งนี้**[프룽니-] 내일
- **อะไร**[아라이] 무엇
- **ทำ**[탐] 하다
- **หนัง**[낭] 영화
- **ดู**[두-] 보다
- **ไป**[빠이] 가다
- **เมื่อไร**[므아-라이] 언제
- **สอบ**[썹-] 시험 보다
- **ปีหน้า**[삐-나-] 내년
- **ปีที่แล้ว** [삐-티-래우-] 작년

문법해설

미래 조동사 จะ[짜] ~할 거예요, ~할게요, ~할 것이다

1. 긍정문

จะ[짜]는 '~할 거예요, ~할게요, ~할 것이다'라는 뜻의 미래 조동사로 동사 앞에 위치합니다.

주어 + จะ[짜] + 동사 + 목적어

ฉัน จะ อ่าน หนังสือ ค่ะ 나는 책을 읽을 거예요.
찬 짜 안– 낭쓰– 카

ฉัน จะ เรียน ภาษาไทย ค่ะ 나는 태국어 공부를 할 거예요.
찬 짜 리얀– 파–싸–타이 카

2. 부정문

부정문의 경우 조동사 จะ[짜] 뒤에 ไม่[마이]를 놓으면 부정문이 됩니다.

ผมจะไม่ กิน ข้าว ครับ 나는 밥을 안 먹을 거예요.
폼 짜 마이 낀 카우– 크랍

ฉัน จะ ไม่ ไป ค่ะ 나는 안 갈 거예요.
찬 짜 마이 빠이 카

3. 의문문

주어 + จะ[짜] + 동사 + …의문사…

คุณ จะ ทาน อะไร ครับ 당신은 뭐를 먹을 거예요?
쿤 짜 탄– 아라이 크랍

1. 다음 빈칸에 태국어나 우리말을 써 봅시다.

1) **วัน** ________ 2) ________ 다음 주

3) **เดือน** ________ 4) ________ 어제

5) **วันนี้** ________ 6) ________ 내일

2. ( ) 안에 알맞은 단어를 넣어 봅시다.

1) ________ **ฉัน จะ สอบ ค่ะ** 내년에 저는 시험을 볼 거예요.

2) **ผม จะ ไป ประเทศไทย** ________ 다음 달에 저는 태국에 갈 거예요.

3) **พรุ่งนี้ คุณ** ________ **ทำ อะไร คะ** 내일 당신은 뭐를 할 거예요?

3. 다음 문장을 태국어로 써 봅시다.

1) 2년 전에 저는 태국에 갔어요.

____

2) 이번 주에 저는 태국어 공부를 할 거예요.

____

정답

1. 1) 일 2) สัปดาห์หน้า 3) 월/달 4) เมื่อวาน 5) 오늘 6) พรุ่งนี้
2. 1) ปีหน้า 2) เดือนหน้า 3) จะ
3. 1) ผม/ฉัน ไป ประเทศไทย เมื่อ 2 ปีที่แล้ว ครับ/ค่ะ 2) สัปดาห์นี้ ฉัน/ผม จะ เรียน ภาษาไทย ค่ะ/ครับ

문법 보충

●구어체

태국어는 물음표를 안 쓰기 때문에 의문문 → **ไหม** = ?

สวย ไหม คะ 예뻐요?
쑤어이– 마이 카

ไป ไหม คะ 가요?
빠이 마이 카

[참고]

ไหม[마이] = 문어
มั้ย[마이] = 구어

보통 태국 사람은 말하거나 질문할 때 **ไหม**[마이](4성)를 지키기보다는 **มั้ย**/**ไหม**[마이](3성)으로 발음을 하는 경향이 있습니다. 구어로는 **มั้ย**[마이]라고 표현하지만 글을 쓸 때는 문어체인 **ไหม**[마이]라고 써야 합니다.

สบาย ดี ไหม 잘 지내?
싸바이– 디–마이

ชอบ ไหม 좋아해?
첩– 마이

태국에서의 호칭

 태국인들의 성격은 정이 많아 서로 도우며 지냅니다. 태국인들은 일상생활에서 누군가를 부를 때 사용하는 호칭은 가족을 부르는 호칭과 같습니다. 예를 들어 우리가 내 가족은 아니지만 식당에서 종업원을 부를 때 '언니, 이모, 동생'으로 부르는 것과 비슷합니다. 왜냐하면 태국인들에게 이 표현은 상대방을 내 가족처럼 존중한다고 생각하기 때문입니다. 따라서 일상적인 대화에서는 모르는 사람을 부를 때 손윗사람은 'พี่[피-] 형, 언니'라 부르고, 손아랫사람은 'น้อง[넝-] 동생'이라 부릅니다.

 태국인들은 상대방을 '언니, 오빠, 동생'이라 부른다고 해서 실례가 되는 표현이라 여기지 않고, 오히려 일상적인 대화에서는 이러한 호칭이 친근함을 나타내는 예의 바른 표현이 될 수도 있습니다.

 물론 회사 내의 행사나 회의에서는 상대방의 이름 또는 직급으로 호칭하지만, 때로는 업무 관계 내에서도 พี่[피-], น้อง[넝-]을 사용하는 경우도 있습니다. 보통 회사에서는 상황에 맞게 호칭을 달리 사용합니다.

Part 09

วัน / เดือน / ปี 2 완 / 드안– / 삐 썽–

요일/월(달)/년 2

단어 익히기

●วัน 완 요일

วันอาทิตย์ 완아–팃	일요일
วันจันทร์ 완짠	월요일
วันอังคาร 완앙칸–	화요일
วันพุธ 완풋	수요일
วันพฤหัสบดี 완파르핫싸버–디–	목요일
วันศุกร์ 완쑥	금요일
วันเสาร์ 완싸오	토요일

●เดือน 드안– 달/월

มกราคม 목까라–콤	1월	กุมภาพันธ์ 꿈파–판	2월
มีนาคม 미나–콤	3월	เมษายน 메–싸–욘	4월
พฤษภาคม 프릇싸파–콤	5월	มิถุนายน 미투나–욘	6월
กรกฎาคม 까락까다–콤	7월	สิงหาคม 씽하–콤	8월
กันยายน 깐야–욘	9월	ตุลาคม 뚜라–콤	10월
พฤศจิกายน 프릇싸찌까–욘	11월	ธันวาคม 탄와–콤	12월

คม[콤]이 있는 달에는 31일 있고, ยน[욘]이 있는 달에는 30일 있습니다.

기본회화

Q **วันนี้ วันที่ เท่าไร ครับ**
완니– 완티– 타오라이 크랍
오늘이 며칠이에요?

A **วันนี้ วันที่ 4 ค่ะ**
완니– 완티– 씨– 카
오늘은 4일이에요.

Q **วันนี้ วัน อะไร ครับ**
완니– 완 아라이 크랍
오늘은 무슨 요일이에요?

A **วันนี้ เป็น วันศุกร์ ค่ะ**
완니– 뻰 완쑥 카
오늘은 금요일이에요.

Q **วันเกิด ของ คุณ เมื่อไร ครับ**
완끄ㅓㅅ– 컹– 쿤 므아–라이 크랍
당신의 생일은 언제예요?

A **วันเกิด ของ ฉัน วันที่ 28 กันยายน ค่ะ**
완끄ㅓㅅ– 컹 찬 완티– (y)이–씹빳– 깐야–욘 카
저의 생일은 9월 28일이에요.

단어

วันนี้[완니–]
오늘

วันที่ เท่าไร
[완티– 타오라이]
며칠

วันที่[완티–]
~번째 날(일)

อะไร[아라이]
무엇, 무슨

ของ คุณ[컹– 쿤]
당신의, 너의

วันเกิด[완끄ㅓㅅ–]
생일

เกิด[끄ㅓㅅ–]
태어나다

ของ ฉัน[컹– 찬]
나의

เมื่อไร[므아–라이]
언제

날짜/요일 물어보는 법

날짜는 **เท่าไร**[타오라이], 요일과 월은 **อะไร**[아라이]로 물어봐야 합니다.

1. **วันนี้ วันที่** [완니– 완티–] + **เท่าไร** [타오라이] + **(ครับ/คะ** [크랍/카]) = 오늘 며칠이에요?
　　　 오늘 날짜　　　　　　　 며칠　　　　　　　　 이에요

เท่าไร[타오라이]로 물어볼 경우 숫자가 들어간 대답을 해야 합니다.

วันนี้ วันที่ 15 = 오늘 15일
완니– 　완티– 씹하–

พรุ่งนี้ วันที่ 16 = 내일 16일
프룽니– 　완티– 씹혹

2. **วันนี้ วัน** [완니– 완] + **อะไร** [아라이] + **(ครับ/คะ** [크랍/카]) = 오늘 무슨 요일이에요?
　　　 오늘 요일　　　　　 무슨　　　　 이에요

วันนี้ วันอาทิตย์ ค่ะ = 오늘 일요일이에요.
완니– 　완아–팃 　　카
오늘　일요일 　　요

วันนี้ (เป็น) วันอาทิตย์ ค่ะ = 오늘 일요일이에요.
완니– 　(뻰)　 완아–팃 　　카
오늘　이다 　일요일 　　요

대답할 때는 **เป็น**[뻰]이 있어도 되고 없어도 상관없습니다.

3. **เดือนนี้** [드안–니–] + **(เป็น** [뻰]) + **เดือน** [드안–] + **อะไร** [아라이] + **(ครับ/คะ** [크랍/카])
　　　 이번 달　　　　 이다　　　 월　　　　 무슨　　　　 이에요

= 이번 달은 몇 월이에요?

เดือนนี้ เป็น เดือน ตุลาคม ครับ = 이번 달은 10월이에요.
드안–니– 뻰　 드안– 뚜라–콤 크랍

확인문제

1. 알맞은 것끼리 서로 연결하세요.

1) 수요일 •	• วันจันทร์
2) 월요일 •	• วันเสาร์
3) 토요일 •	• วันพฤหัสบดี
4) 목요일 •	• วันพุธ

2. 다음 질문과 대답을 태국어로 써 봅시다.

1) Q: 오늘은 며칠이에요?

____

A: 오늘은 ○일입니다.(달력을 보고 적어보세요.)

____

2) Q: 오늘은 무슨 요일이에요?

____

A: 오늘은 ○요일입니다.(달력을 보고 적어보세요.)

____

3. 태국어로 생일을 묻고 대답해 봅시다.

Q: 당신의 생일은 언제예요?

____

A: 저의 생일은 ○월 ○일입니다.

____

정답

1. 1) วันพุธ 2) วันจันทร์ 3) วันเสาร์ 4) วันพฤหัสบดี
2. 1) Q: วันนี้ วันที่ เท่าไร (ครับ/คะ) A: วันนี้ วันที่ ○ (ครับ/ค่ะ) 2) Q: วันนี้ วัน อะไร (ครับ/คะ) A: วันนี้ เป็น วัน○ (ครับ/ค่ะ) 3. Q: วันเกิด ของ คุณ เมื่อไร (ครับ/คะ) A: วันเกิด ของ ฉัน วันที่ ○ เดือน ○ (ครับ/ค่ะ)

Part 10

วัน / เดือน / ปี 3 완 드안– 삐– 쌈–

요일/월(달)/년 3

단어 익히기

● ปี 삐– 년

พุทธศักราช 풋타싹까랏–	줄임말 พ.ศ. 퍼–써–	불력
คริสต์ศักราช 크릿싹까랏–	줄임말 ค.ศ. 커–써–	서력

태국에는 연도를 쓸 때 불력으로 씁니다. 불력은 우리가 사용하는 서력보다 543년 더 많습니다.

ค.ศ.2022 커–써– 썽–판y이–씹썽– = พ.ศ.2565 퍼–써– 썽–판하–러이–혹씹하–

→ 서력 2022년 = 불력 2565년

ค.ศ.2002 커–써– 썽–판썽– = พ.ศ.2545 퍼–써– 썽–판하–러이–씨–씹하–

→ 서력 2002년 = 불력 2545년

예: 서력 2008년 + 543년 = 불력 พ.ศ.2551 퍼–써– 썽–판하–러이–하–씹엣

불력 2557년 – 543년 = 서력 ค.ศ.2014 커–써– 썽–판씹씨–

기본회화

Q **คุณ เกิด ปี พ.ศ. อะไร คะ**

쿤 끄ㅓㅅ- 삐- 퍼-써- 아라이 카

몇 년도에(불력) 태어났어요?

A **ผม เกิด พ.ศ.2524 ครับ**

폼 끄ㅓㅅ- 퍼-써- 썽-판하-러이-(y)이-씹씨- 크랍

저는 불력 2524(1981)년에 태어났어요.

Q **คุณ ไป ประเทศไทย ครั้งแรก เมื่อ ปี อะไร คะ**

쿤 빠이 쁘라텟-타이 크랑랙- 므아- 삐- 아라이 카

당신은 태국에 처음 갈 때가 무슨 년이에요?

A **ผม ไป ประเทศไทย ครั้งแรก ปี ค.ศ. 2011 ครับ**

폼 빠이 쁘라텟-타이 크랑랙- 삐- 커-써- 썽-판씹엣 크랍

저는 2011년 처음 태국에 갔어요.

พ.ศ.2524

단어

เกิด[끄ㅓㅅ-]
태어나다

อะไร[아라이]
무엇, 무슨

ครั้งแรก[크랑랙-]
처음

ปี พ.ศ. อะไร
[삐- 퍼-써- 아라이]
몇 년도

ปี อะไร[삐- 아라이]
무슨 년

ไป[빠이]
가다

เมื่อ[므아-]
~할 때

문법해설

태국어로 날짜 쓰는 방법

태국어로 날짜를 표기할 때는 한국어 어순과 달리 '일, 월, 년' 순으로 적습니다. 표기 방법은 '요일+날짜+월+년' 순이며, 요일을 표기하지 않을 경우에는 **วันที่**[완티–]를 날짜 앞에 놓아 '날짜+월+년' 순으로 적습니다. 요일까지 나타낼 경우 '**วัน**요일+**ที่**+숫자'의 형태로 적습니다.

태국어에서 서수를 나타낼 때는 '**ที่**+숫자'로 표기합니다.

● 요일 + 날짜 + 월 + 년

วันอาทิตย์ ที่ 25 ธันวาคม พ.ศ.2562　불력 2562년 12월 25일 일요일

완아–팃 티 y이씹하– 탄와–콤 퍼–써– 썽–판하–러이–혹씹썽–

● 날짜 + 월 + 년

วันที่ 19 ตุลาคม ค.ศ.2020　2020년 10월 19일

완티– 씹까오 뚜라–콤 커–써– 썽–판y이–씹

[참고] 요일이 없으면 날짜 앞에 **วันที่**[완티–]를 씁니다.

วันที่ 3 สิงหาคม　8월 3일

완티– 쌈– 씽하–콤

요일이 있으면 '**วัน**요일 + **ที่** + 숫자' 형태로 씁니다.

วันจันทร์ ที่ 7 เมษายน　4월 7일 월요일

완짠 티– 쩻 메–싸–욘

วันอังคาร ที่ 10 มิถุนายน　6월 10일 화요일

완앙칸– 티– 씹 미투나–욘

ที่ + 숫자 = 서수(~번째)

확인문제

1. 다음 빈칸에 태국어로 써 봅시다.

1) 불력

2) 서력

2. 태국어 발음을 써 봅시다.

1) พุทธศักราช =

2) คริสต์ศักราช =

3. 다음 날짜와 요일을 태국어로 써 봅시다.

1) 2014년 2월 23일

2) 8월 18일 화요일

3) 불력 2563년 4월 6일 월요일

정답

1. 1) พุทธศักราช / พ.ศ. 2) คริสต์ศักราช / ค.ศ.
2. 1) 풋타싹까랏– 2) 크릿싹까랏–
3. 1) วันที่ 23 กุมภาพันธ์ ค.ศ. 2014 2) วันอังคาร ที่ 8 สิงหาคม 3) วันจันทร์ ที่ 6 เมษายน พ.ศ. 2563

Part 11

ชีวิตประจำวัน 1 치-윗쁘라짬완 능
일상 생활 1

단어 익히기

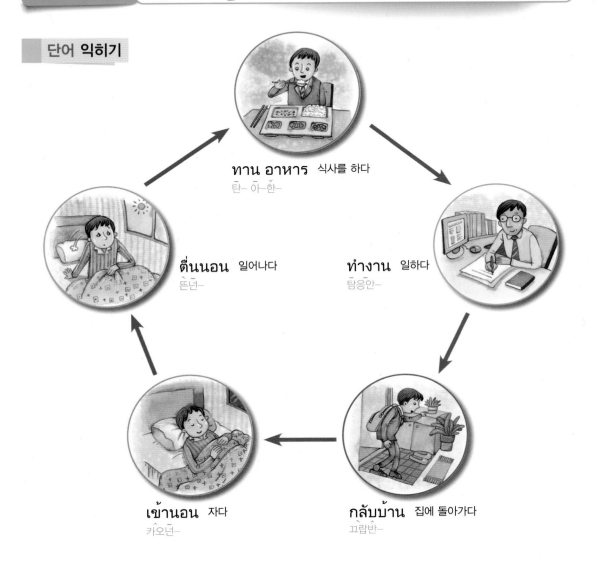

ทาน อาหาร 식사를 하다
탄- 아-한-

ตื่นนอน 일어나다
뜬넌-

ทำงาน 일하다
탐응안-

เข้านอน 자다
카오넌-

กลับบ้าน 집에 돌아가다
끄랍반-

● 식사하기

ทาน/กิน อาหารเช้า 탄-/낀 아-한-차오	아침식사를 드시다/먹다
ทาน/กิน อาหารกลางวัน 탄-/낀 아-한-끄랑-완	점심식사를 드시다/먹다
ทาน/กิน อาหารเย็น 탄-/낀 아-한-옌	저녁식사를 드시다/먹다

*ทาน[탄-] 드시다 / กิน[낀] 먹다 / เช้า[차오] 아침 / กลางวัน[끄랑-완] 점심

기본회화

Q **คุณ กำลัง ทำ อะไร อยู่ ครับ**
쿤 깜랑 탐 아라이 유– 크랍
당신은 뭐 하고 있어요?

A **ฉัน กำลัง กลับบ้าน ค่ะ**
찬 깜랑 끄랍반– 카
저는 집에 돌아가고 있어요.

Q **ตอนนี้ กำลัง ทำ อะไร อยู่ ครับ**
떤–니– 깜랑 탐 아라이 유– 크랍
지금은 뭐 하고 있어요?

A **ฉัน กำลัง ทาน อาหารเย็น ค่ะ**
찬 깜랑 탄– 아–한–옌 카
저는 저녁식사를 먹고 있어요.

단어

กำลัง[깜랑]
~하고 있다

ทำ[탐]
하다

อยู่[유–]
있다

กลับบ้าน[끄랍반–]
집에 가다

ตอนนี้[떤–니–]
지금

ทาน[탄–]
먹다

อาหารเย็น
[아–한–옌]
저녁식사

문법해설

진행형

กำลัง~อยู่[깜랑~유] ~하고 있다

태국어의 진행형 **กำลัง~อยู่**(~하고 있다)에는 다음과 같은 형태가 있습니다.

1. 주어 + **กำลัง**[깜랑] + 동사 + **อยู่**[유–]

ฉัน กำลัง กินข้าว อยู่ ค่ะ　나는 밥을 먹고 있어요.
찬 깜랑 낀카우– 유– 카

2. 주어 + **กำลัง**[깜랑]

ผม กำลัง ทำงาน ครับ　나는 일하고 있어요.
폼 깜랑 탐응안– 크랍

3. 주어 + 동사 + **อยู่**[유]

น้อง หลับ อยู่　동생은 자고 있어요.
넝– 랍 유–

문형 익히기

เขา กำลัง เรียน อยู่ ค่ะ/ครับ　그는 공부하고 있어요.
카오 깜랑 리얀– 유– 카/크랍

1. ออกกำลังกาย [억–깜랑까이–] 운동하다
2. อ่านหนังสือ [안–낭쓰–] 책을 읽다
3. ดูหนัง [두–낭–] 영화 보다

확인문제

1. 다음 빈칸에 태국어를 써 봅시다.

1) 식사를 하다 ______ 2) 일하다 ______

3) 일어나다 ______ 4) 집에 돌아가다 ______

2. 다음 태국어를 읽고 우리말로 해석해 봅시다.

1) คุณ กำลัง ทำ อะไร อยู่ ครับ

______

2) ฉัน กำลัง กลับบ้าน ค่ะ

______

3. 다음 문장을 태국어로 써 봅시다.

1) 지금은 뭐하고 있어요?

______

2) 지금 아침식사를 먹고 있어요.

______

정답

1. 1) ทาน อาหาร 2) ทำงาน 3) ตื่นนอน 4) กลับบ้าน
2. 1) 당신은 뭐하고 있어요? 2) 저는 집에 돌아가고 있어요.
3. 1) ตอนนี้ กำลัง ทำ อะไร อยู่ ครับ/คะ 2) ตอนนี้ กำลัง ทาน อาหารเช้า ค่ะ/ครับ

Part 12

ชีวิตประจำวัน 2 치-윋쁘라짬완 썽-

일상 생활 2

단어 익히기

อาบน้ำ 압-남 샤워를 하다

เข้านอน / หลับ 카오넌- / 랍 자다

● 하루 일과

ล้างหน้า 랑-나	세수를 하다
แปรงฟัน 쁘랭-Fㅏㄴ	이를 닦다
กลับบ้าน 끄랍반-	집으로 돌아가다
ถึงบ้าน 틍반-	집에 도착하다
พักผ่อน 팍펀-	쉬다
เริ่มงาน 르ㅓㅁ-응안-	일을 시작하다
เริ่มเรียน 르ㅓㅁ-리얀-	수업을(공부를) 시작하다
ไปทำงาน 빠이탐응안-	출근하다
เลิกงาน 르ㅓㄱ-응안-	퇴근하다
เลิกเรียน 르ㅓㄱ-리얀-	수업을 마치다
เสร็จงาน 쎋응안-	일을 끝내다

기본회화

Q **คุณ ทาน ข้าว หรือยัง ครับ**

쿤 탄– 카우– 르–양 크랍

당신은 밥을 먹었어요?

A **ฉัน ทาน ข้าว แล้ว ค่ะ**

찬 탄– 카우– 래우– 카

저는 밥을 먹었어요.

Q **เลิกงาน หรือยัง ครับ**

르ㅓㄱ–응안– 르–양 크랍

퇴근했어요?

A **เลิกงาน แล้ว ค่ะ**

르ㅓㄱ–응안– 래우– 카

퇴근했어요.

Q **ถึงบ้าน หรือยัง ครับ**

틍반– 르– 양 크랍

집에 도착했어요?

A **ถึงบ้าน แล้ว ค่ะ**

틍반– 래우– 카

집에 도착했어요.

단어

ทาน[탄–]
드시다(먹다)

ข้าว[카우–]
밥

หรือยัง[르–양]
~했니, 아직이니?

แล้ว[래우–]
끝나다, 이미,
완료하다, 그래서

เลิกงาน
[르ㅓㄱ–응안–]
퇴근하다

งาน[응안–]
일

เลิก[르ㅓㄱ–]
끝나다, 헤어지다,
포기하다

ถึง[틍]
도착하다

บ้าน[반–]
집

ถึงบ้าน แล้ว
[틍반– 래우–]
집에 도착했다

문법해설

หรือยัง[르-양] 의문문

หรือยัง 의문문은 'หรือยัง[르-양]/(แล้ว)หรือยัง[(래우-)르-양] ~했니, 아직이니?'라는 뜻을 가진 의문문으로, 긍정의 경우 '동사 + แล้ว[래우-](ค่ะ/ครับ)'로 답합니다.

> 동사 + **หรือยัง**[르-양]/**(แล้ว)หรือยัง**[래우-르-양] = ~했니, 아직 안 했니?

อาบน้ำ หรือยัง ค่ะ/ครับ　샤워를 했어요, 아직 안 했어요?
압-남 르-양 카/크랍

กินข้าว หรือยัง ค่ะ/ครับ　밥을 먹었어요, 아직 안 먹었어요?
낀카우- 르-양 카/크랍

대답이 긍정이면

> 동사 + **แล้ว**[래우-] (ค่ะ/ครับ)

อาบน้ำ แล้ว ค่ะ　샤워를 했어요.
압-남 래우- 카

กินข้าว แล้ว ครับ　밥을 먹었어요.
낀카우- 래우- 크랍

문형 익히기

คุณ ทำการบ้าน หรือยัง คะ/ครับ
쿤 탐깐-반- 르-양 카/크랍
당신은 숙제를 했어요, 아직 안 했어요?

1. ทำงาน[탐응안-] 일하다
2. เลิกงาน[르ㅓㄱ-응안-] 퇴근하다
3. ล้างหน้า[랑-나-] 세수하다

82 혼자 배우는 태국어첫걸음

확인문제

1. 다음 빈칸에 태국어를 써 봅시다.

1) 집에 도착하다 [　　　　　] 　2) 출근하다 [　　　　　]

3) 퇴근하다 [　　　　　] 　4) 샤워를 하다 [　　　　　]

2. 다음 태국어를 읽고 우리말로 해석해 봅시다.

1) เลิกงาน หรือยัง ครับ

_____

2) ถึงบ้าน แล้ว ค่ะ

_____

3. 다음 문장을 태국어로 써 봅시다.

1) 밥을 먹었어요?

_____

2) 일을 끝냈어요.

_____

정답
1. 1) ถึงบ้าน   2) ไปทำงาน   3) เลิกงาน   4) อาบน้ำ
2. 1) 퇴근했어요?   2) 집에 도착했어요.
3. 1) ทาน/กิน ข้าว หรือยัง ครับ/คะ   2) เสร็จ งาน แล้ว ค่ะ/ครับ

회화 익히기

A คุณ ทำ อะไร อยู่ คะ
쿤 탐 아라이 유- 카

B ผม กำลัง กลับบ้าน ครับ
폼 깜랑 끄랍반- 크랍

A วันที่ 7 สิงหาคม คุณ สะดวก ไหม คะ
완티- 쩻 씽하-콤 쿤 싸두억- 마이 카

B วัน นั้น เป็น วัน อะไร ครับ
완 난 뻰 완 아라이 크랍

A วันพุธ ค่ะ
완풋 카

B มี อะไร หรือเปล่า ครับ
미- 아라이 르-쁘라오 크랍

A มี พิธีขึ้นบ้านใหม่ ค่ะ อยาก เชิญ คุณ ค่ะ
미- 피티-큰반-마이 카 약- 츠ㅓㄴ- 쿤 카

B ยินดี ครับ ฉัน จะ ไป แน่นอน ครับ
y인디- 크랍 찬 짜 빠이 내-넌- 크랍

คุณ เลิกงาน หรือยัง ครับ
쿤 르ㅓㄱ-응안- 르-양 크랍

A เลิกงาน แล้ว ค่ะ ฉัน กำลัง กลับบ้าน เช่นกัน ค่ะ
르ㅓㄱ-응안- 래우- 카 찬 깜랑 끄랍반- 첸깐 카

พิธีขึ้นบ้านใหม่
[피티-큰반-마이]
집들이

해석

A 당신은 뭐 하고 있어요?
B 저는 집에 돌아가고 있어요.
A 8월 7일에 편해요? (시간 괜찮아요?)
B 그날이 무슨 요일이에요?
A 수요일이에요.
B 무슨 일 있어요?
A 집들이 있어요. 당신을 초대하고 싶어요.
B 좋아요. 제가 꼭 갈게요.
당신은 퇴근했어요?
A 퇴근했어요. 저도 집에 돌아가고 있어요.

태국 사람의 이름

태국 사람의 서류상 이름은 매우 길어서 일상생활에서는 잘 사용하지 않습니다. 대신 별명을 이름처럼 사용합니다. 따라서 일상생활에서는 공식 이름을 묻거나 부를 일은 많지 않습니다.

ชื่อจริง[츠-찡] 공식 이름/서류상 이름

태국 사람의 서류상 이름은 '이름+성'으로, 이름 앞에 상대에 맞는 호칭(title)을 붙입니다.

1. 만 15세 미만일 때

เด็กชาย[덱차이-] 남자(Master)　　**เด็กหญิง**[덱y잉] 여자(Miss)

2. 만 15세 이상일 때

นาย[나이-] 남자(Mr)　　**นางสาว**[낭-싸우-] 여자(Miss)

- 결혼한 여자

นาง[낭-] 여자(Mrs)

결혼을 했더라도 원하면 호칭을 '**นางสาว**[낭-싸우-] Miss'로 쓸 수 있고, 성도 아버지의 성을 따를 수 있습니다.

3. 직업 또는 사회적 지위에 따라 호칭을 붙이기도 합니다.

ศาสตราจารย์[쌋-뜨라-짠-] 교수(Professor)

ผู้ช่วยศาสตราจารย์[푸-추어이-쌋-뜨라-짠-] 조교수(Assistant Professor)

นายแพทย์[나이-팻-]	**นพ.**	의사(남자)
แพทย์หญิง[팻-y잉]	**พญ.**	의사(여자)
ด็อกเตอร์[덕터]	**ดร.**	박사

같은 직업이어도 남녀 구분해서 호칭을 붙입니다.

Part 13

เวลา 1 외-라- 능
시간 1

단어 익히기

เช้า 차오 아침 กลางวัน 끄랑-완 낮 เย็น 옌 저녁 กลางคืน 끄랑-큰- 밤/야간

●เวลา 외-라- 시간

โมง 몽- 시
นาที 나-티- 분
วินาที 위나-티- 초
ชั่วโมง 추어-몽- 시간

●오전 1시 ~ 정오 12시

ตี 1 ~ ตี 5 띠- 능 ~ 띠- 하-	새벽 1시 ~ 5시(1am ~ 5am)
6 โมง เช้า ~ 11 โมง เช้า 혹 몽- 차오 ~ 씹엣 몽- 차오	오전 6시 ~ 11시(6am ~ 11am)
เที่ยง / เที่ยงวัน / เที่ยงตรง 티양- / 티양-완 / 티양-뜨롱	정오 12시
ตี 2:30 นาที 띠- 썽-쌈-씹 나-티- / ตี 2 ครึ่ง(반) 띠- 썽- 크릉	새벽 2시 30분
8 โมง เช้า 뺏- 몽- 차오	아침 8시
9 โมง เช้า 40 นาที 까오 몽- 차오 씨-씹 나-티-	아침 9시 40분
เที่ยง 30 นาที / เที่ยง ครึ่ง(반) 티양- 쌈-씹 나-티- / 티양-크릉	정오 12시 30분
เที่ยง 50 นาที 티양- 하-씹 나-티-	정오 12시 50분

* 'ตี[띠-] 새벽'을 말할 때 'โมง[몽-] 시'는 사용하지 않습니다.

기본회화

Q **คุณ ตื่น นอน กี่ โมง ครับ**

쿤 뜬– 넌– 끼– 몽– 크랍

몇 시에 일어났어요?

A **ฉัน ตื่น นอน ประมาณ 7 โมง เช้า ค่ะ**

찬 뜬– 넌– 쁘라만– 젯 몽– 차오 카

저는 아침 7시쯤에 일어났어요.

Q **เมื่อวาน ถึง บ้าน กี่ โมง ครับ**

므아–완– 틍 반– 끼– 몽– 크랍

어제 몇 시에 집에 도착했어요?

A **ฉัน ถึง บ้าน ตี 1 ค่ะ**

찬 틍 반– 띠– 능 카

저는 어제 새벽 1시에 집에 도착했어요.

Q **คุณ ไปทำงาน หรือยัง ครับ**

쿤 빠이탐응안– 르–양 크랍

당신은 출근했어요?

A **ยัง ค่ะ วันนี้ ไปทำงาน สาย นิดหน่อย ค่ะ**

양 카 완니– 빠이탐응안– 싸이– 닛너이– 카

아직요. 오늘은 조금 늦게 출근해요.

ฉัน จะ ไปทำงาน ประมาณ 9 โมง ค่ะ

찬 짜 빠이탐응안– 쁘라만– 까오 몽– 카

저는 아침 9시쯤에 출근할게요.

단어

กี่ โมง[끼– 몽–]
몇 시

โมง[몽–]
시, ~때

ตื่น[뜬–]
일어나다

นอน[넌–]
자다

เช้า[차오]
아침

ประมาณ[쁘라만–]
쯤, 약, 대략

เมื่อวาน[므아– 완–]
어제

ถึง[틍]
도착하다

บ้าน[반–]
집

ตี[띠–]
새벽

ไปทำงาน
[빠이탐응안–]
출근하다

ยัง[양]
아직

นิดหน่อย[닛너이–]
조금, 약간

สาย[싸이–]
늦다

문법해설

หรือยัง[르-양] 의문문의 대답이 부정일 때

หรือยัง[르-양] 의문문으로 물어볼 경우, 대답이 부정이면 '**ยัง**[양] + **ไม่ได้**[마이다이] + 동사'의 형태로 답합니다.

A: คุณ กิน ข้าว **หรือยัง** ครับ — 당신은 밥을 먹었어요, 아직 안 먹었어요?
쿤 낀 카우- 르-양 크랍

B: ยัง ค่ะ — 아직요.
양 카

ยัง ไม่ได้ กิน ค่ะ — 아직 안 먹었어요.
양 마이다이 낀 카

A: ทำ การบ้าน **หรือยัง** ครับ — 숙제를 했어요, 아직 안 했어요?
탐 깐-반- 르-양 크랍

B: ยัง ค่ะ — 아직요.
양 카

ยัง ไม่ได้ ทำ การบ้าน ค่ะ — 숙제를 아직 안 했어요.
양 마이다이 탐 깐-반- 카

문형 익히기

ฉัน/ผม ยัง ไม่ได้ <u>ไปทำงาน</u> ค่ะ/ครับ
찬/폼 양 마이다이 빠이탐응안- 카/크랍
나는 <u>출근을</u> 아직 안 했어요.

1. ทำความสะอาด [탐쾀-싸앗-] 청소하다
2. อาบน้ำ [압-남] 샤워하다
3. ออกกำลังกาย [억-깜랑까이-] 운동하다

확인문제

1. 다음 빈칸에 태국어나 우리말을 써 봅시다.

1) เช้า ________　　2) ________ 새벽

3) เที่ยง ________　　4) ________ 분

5) กี่ โมง ________　　6) ________ 아직

2. 다음 태국어를 읽고 우리말로 해석해 봅시다.

1) เขา เลิกงาน กี่ โมง ครับ/คะ

____

2) ตอนนี้ กี่ โมง ครับ

____

3) ตอนนี้ เช้า 10 โมง 35 นาที ค่ะ

____

3. 다음 질문에 대한 대답으로 알맞은 문장을 만들어 봅시다.

1) A: เลิกงาน หรือยัง คะ (퇴근했어요?)
B: ______________________________ (아직 퇴근 안 했어요.)

2) A: ทำ การบ้าน หรือยัง ครับ (숙제를 했어요?)
B: ______________________________ (숙제를 아직 안 했어요.)

정답

1. 1) 아침　2) ตี　3) 정오　4) นาที　5) 몇 시　6) ยัง
2. 1) 그는 몇 시에 퇴근하세요?　2) 지금은 몇 시예요?　3) 지금은 아침 10시 35분이에요.
3. 1) ยัง ไม่ได้ เลิกงาน ค่ะ/ครับ　2) ยัง ไม่ได้ ทำ การบ้าน ค่ะ/ครับ

Part
14

เวลา 2 외–라– 썽–
시간 2

단어 익히기

● 오후 1시 ~ 자정

บ่าย 1 โมง ~ บ่าย 3 โมง 바이– 능 몽– ~ 바이– 쌈– 몽–	오후 1시 ~ 3시(1pm ~ 3pm)
บ่าย 2 โมง 15 นาที 바이– 썽– 몽– 씹하– 나–티–	오후 2시 15분
4 โมงเย็น ~ 6 โมงเย็น 씨– 몽–옌 ~ 혹 몽–옌	저녁 4시 ~ 6시(4pm ~ 6pm)
6 โมงเย็น 50 นาที 혹 몽–옌 하–씹 나–티–	저녁 6시 50분
เที่ยงคืน 10 นาที 티양–큰– 씹 나–티–	자정 12시 10분
เที่ยงคืน 59 นาที 티양–큰– 하–씹까오 나–티–	자정 12시 59분
เที่ยงคืน 티양–큰–	자정 12시

● 밤 7시 ~ 11시(7pm ~ 11pm)

1 ทุ่ม 능 툼–	밤 7시
2 ทุ่ม 썽– 툼–	밤 8시
3 ทุ่ม 쌈– 툼–	밤 9시
4 ทุ่ม 씨– 툼–	밤 10시
5 ทุ่ม 하–툼–	밤 11시

*숫자+ทุ่ม[툼–]

[참고] 태국 사람은 저녁 시간을 말할 때 밤 7시~11시는 '**โมง**[몽–]'으로 부르지 않고 '**ทุ่ม**[툼–]'으로 부릅니다.

　　　　5 ทุ่ม 40 นาที 하– 툼– 씨–씹 나–티– 밤 11시 40분

기본회화

Q **พรุ่งนี้ เรา ประชุม กี่ โมง ครับ**
프룽니- 라오 쁘라춤 끼- 몽- 크랍
내일 우리는 회의를 몇 시에 하나요?

A **พรุ่งนี้ ประชุม บ่าย โมง 15 นาที ค่ะ**
프룽니- 쁘라춤 바이- 몽- 씹하- 나-티- 카
내일 오후 1시 15분에 회의할게요.

Q **เมื่อวาน กลับบ้าน กี่ โมง ครับ**
므아-완- 끄랍반- 끼- 몽- 크랍
어제 몇 시에 집에 돌아갔어요?

A **ฉัน กลับบ้าน 5 ทุ่ม ค่ะ**
찬 끄랍반- 하- 툼 카
저는 밤 11시에 집에 돌아갔어요.

Q **คุณ เรียน ภาษาไทย วันละ กี่ ชั่วโมง ครับ**
쿤 리얀- 파-싸-타이 완라 끼- 추어-몽- 크랍
당신은 태국어를 하루에 몇 시간 공부하세요?

A **ฉัน เรียน ภาษาไทย วันละ 2 ชั่วโมง ค่ะ**
찬 리얀- 파-싸-타이 완라 썽- 추어-몽- 카
저는 태국어를 하루에 두 시간 공부해요.

단어

พรุ่งนี้[프룽니-]
내일

เรา[라오]
우리

ประชุม[쁘라춤]
회의하다

กี่ โมง[끼- 몽-]
몇 시

บ่าย[바이-]
오후

วันละ[완라]
하루에

เมื่อวาน[므아-완-]
어제

กี่ ชั่วโมง
[끼- 추어-몽-]
몇 시간

เรียน[리얀-]
공부하다

ภาษาไทย
[파-싸-타이]
태국어

2 ชั่วโมง
[썽- 추어-몽-]
2시간

문법해설

시간 묻기

1. 현재 시간

ตอนนี้ กี่ โมง **คะ/ครับ** 지금은 몇 시예요?
떤-니- 끼- 몽- 카/크랍

2. 동사+몇 시

วันนี้ เรา พบกัน กี่ โมง **คะ** 오늘 우리 몇 시에 만나요?
완니- 라오 폽깐 끼- 몽- 카

พรุ่งนี้ ทำงาน กี่ โมง **คะ** 내일 몇 시에 일해요?
프룽니- 탐응안- 끼- 몽- 카

3. 소요 시간(동사+몇 시간)

คุณ ทำงาน กี่ ชั่วโมง **ครับ** 당신은 몇 시간 일하세요?
쿤 탐응안- 끼- 추어-몽- 크랍

เขา ประชุม กี่ ชั่วโมง **คะ** 그는 회의를 몇 시간 해요?
카오 쁘라춤 끼- 추어-몽- 카

ใช้เวลา[차이외-라-]+동사+**กี่ ชั่วโมง**[끼- 추어몽] **ครับ/คะ** = 몇 시간이 걸려요?

คุณ ใช้เวลา **ขับรถ** กี่ ชั่วโมง **ครับ** 당신은 운전하는 데 몇 시간이 걸려요?
쿤 차이외-라- 캅롯 끼- 추어-몽- 크랍

เขา ใช้เวลา **อ่านหนังสือ** กี่ ชั่วโมง **คะ** 그는 책을 읽는 데 몇 시간이 걸려요?
카오 차이외-라- 안-낭-쓰- 끼- 추어-몽- 카

 확인문제

1. 다음 빈칸에 태국어나 우리말을 써 봅시다.

1) บ่าย 2 โมง _____   2) _____ 밤 10시

3) 3 ทุ่ม 45 นาที _____   4) _____ 저녁 5시 50분

5) 3 ชั่วโมง _____   6) _____ 자정 12시

2. 다음 태국어를 읽고 우리말로 해석해 봅시다.

1) พรุ่งนี้ ฉัน จะ กลับบ้าน 5 โมงเย็น ค่ะ

_____

2) ผม ใช้ เวลา ขับรถ 4 ชั่วโมง ครับ

_____

3) เรา ดูหนัง ตอน 2 ทุ่ม ค่ะ

_____

3. 다음 질문에 대한 대답으로 알맞은 문장을 만들어 봅시다.

1) A: วันนี้ เรา พบกัน กี่ โมง คะ (오늘 우리 몇 시에 만나요?)
   B: _____ (오늘 오후 2시 40분에 만나요.)

2) A: คุณ เรียน ภาษาไทย กี่ ชั่วโมง ครับ (당신은 태국어를 몇 시간 공부하세요?)
   B: _____ (2시간 공부를 해요.)

정답

1. 1) 오후 2시   2) 4 ทุ่ม   3) 9시 45분   4) 5 โมงเย็น 50 นาที   5) 3시간   6) เที่ยงคืน
2. 1) 저는 내일 저녁 5시에 집에 돌아갈게요.   2) 저는 운전이 4시간 걸려요.   3) 우리는 밤 8시에 영화를 봐요.
3. 1) วันนี้ เรา พบกัน บ่าย 2 โมง 40 นาที ค่ะ/ครับ   2) เรียน 2 ชั่วโมง ค่ะ/ครับ

Part 15

งานอดิเรก 응안–아디렉–
취미

단어 익히기

ท่องเที่ยว 텅–티아우– 여행하다

ทำอาหาร 탐아–한– 요리하다

งานอดิเรก 응안–아디렉– 취미	
ถ่ายรูป 타이–룹–	사진 찍다
อ่านหนังสือ 안–낭쓰–	독서하다
ออกกำลังกาย 억–깜랑까이–	운동하다
ฟังเพลง Fㅏㅇ프렝–	노래를 감상하다
เล่นดนตรี 렌돈뜨리–	음악을 하다
เล่นเกม 렌껨–	게임을 하다
ดูโทรทัศน์ / ดูทีวี 두–토라탓 / 두–티–위–	텔레비전을 보다
ดูละคร 두–라–컨–	드라마를 보다
ดูภาพยนตร์ / ดูหนัง 두팝–피욘 / 두–낭	영화를 보다
ช็อปปิ้ง 첩삥	쇼핑하다
ตกปลา 똑쁘라	낚시하다
ว่ายน้ำ 와이–남	수영하다
ไป ร้านอาหารอร่อยๆ 빠이 란–아–한–아러이–아러이–	맛집을 가다
ไป ร้านกาแฟ / ไป คาเฟ่ 빠이 란–까–Fㅐ– / 빠이 카Fㅔ	카페를 가다

기본회화

Q **งานอดิเรก ของ คุณ คือ อะไร ครับ**
응안-아디렉- 컹- 쿤 크- 아라이 크랍
당신의 취미는 뭐예요?

A **งานอดิเรก ของ ฉัน คือ การถ่ายรูป ค่ะ**
응안-아디렉- 컹- 찬 크- 깐-타이-룹- 카
나의 취미는 사진 찍기예요.

Q **ปกติ เวลาว่าง คุณ ชอบ ทำ อะไร ครับ**
뽁가띠 외-라-왕- 쿤 첩- 탐 아라이 크랍
보통 자유시간이 있을 때 뭐 하는 걸 좋아하세요?

A **ฉัน ชอบ ไป คาเฟ่ ดอกไม้ ค่ะ**
찬 첩- 빠이 카F ㅔ- 덕-마이 카
꽃카페에 가는 것을 좋아해요.

Q **วันหยุด คุณ อยาก ทำ อะไร ครับ**
완윳 쿤 약- 탐 아라이 크랍
휴일에 당신은 무엇을 하고 싶어요?

A **ฉัน อยาก นอน ตื่น สายๆ ค่ะ**
찬 약- 넌- 뜬- 싸이-싸이- 카
늦게 일어나고 싶어요.

단어

งานอดิเรก [응안-아디렉-]
취미

ของ คุณ [컹- 쿤]
당신의

ถ่ายรูป [타이-룹-]
사진 찍다

ปกติ [뽁가띠]
보통

เวลาว่าง [외-라-왕-]
자유시간, 여가

ชอบ [첩-]
좋아하다

ดอกไม้ [덕-마이]
꽃

คาเฟ่ [카F ㅔ-]
카페

วันหยุด [완윳]
휴일

อยาก [약-]
~하고 싶다, 바라다

สายๆ [싸이-싸이-]
늦게

สาย [싸이-]
늦다

นอน [넌-]
자다

ตื่น [뜬-]
일어나다

문법해설

동사/형용사를 명사형으로 만들기

การ[깐–]과 ความ[쾀–]

동사, 형용사 앞에 **การ**[깐–]이나 **ความ**[쾀–]을 붙여 추상명사로 만들 수 있습니다.

1. การ[깐–] + 행동을 나타내는 동사 = 명사

การ[깐–] + พูด[픗–] 말하다 = **การพูด**[깐–픗–] 말하기

การ[깐–] + ถ่ายรูป[타이–룹–] 사진을 찍다 = **การถ่ายรูป**[깐–타이–룹–] 사진 찍기

2. ความ[쾀–] + 심리를 나타내는 동사 혹은 형용사 = 명사

동사 ความ[쾀–] + รัก[락] 사랑하다 = **ความรัก**[쾀–락] 사랑(Love)

형용사 ความ[쾀–] + ดี[디–] 좋다 = **ความดี**[쾀–디–] 선량(Goodness)

ความ[쾀–] + สวย[쑤어이–] 이쁘다 = **ความสวย**[쾀–쑤어이–] 미인(Beauty)

문형 익히기

งานอดิเรก ของ ฉัน คือ การถ่ายรูป ค่ะ

응안–아디렉– 컹– 찬 크– 깐–타이–룹– 카

나의 취미는 사진 찍기예요.

1. การทำอาหาร [깐–탐아한–] 요리하기
2. การท่องเที่ยว [깐–텅티아우–] 여행하기
3. การออกกำลังกาย [깐–억–깜랑까이–] 운동하기

확인문제

1. 다음 빈칸에 태국어나 우리말을 써 봅시다.

1) ถ่ายรูป ________　　2) ________ 드라마를 보다

3) อ่านหนังสือ ________　　4) ________ 노래를 감상하다

5) ออกกำลังกาย ________　　6) ________ 게임을 하다

2. 다음 태국어를 읽고 우리말로 해석해 봅시다.

1) ปกติ เวลาว่าง คุณ ชอบ ทำ อะไร คะ

____

2) งานอดิเรก ของ คุณ คือ อะไร ครับ

____

3. 다음 문장을 태국어로 써 봅시다.

1) 나의 취미가 사진 찍기예요.

____

2) 저는 요리하기를 좋아해요.

____

정답

1. 1) 사진 찍다　2) ดูละคร　3) 독서하다　4) ฟังเพลง　5) 운동하다　6) เล่นเกม
2. 1) 보통 자유시간이 있을 때 뭐 하는 걸 좋아하세요?　2) 당신의 취미는 뭐예요?
3. 1) งานอดิเรก ของ ผม/ฉัน คือ การถ่ายรูป ครับ/ค่ะ　2) ฉัน/ผม ชอบ ทำอาหาร ค่ะ/ครับ

Part 16

ครอบครัว 크랍-크루어-
가족

단어 익히기

ครอบครัวฝ่ายพ่อ 크랍-크루어-FH이-퍼- 친가			
ปู่ 뿌-	할아버지	ย่า 야-	할머니
ลุง 룽	큰아버지	ป้า 빠-	고모
คุณพ่อ / พ่อ 쿤퍼-/퍼-	아버지	อา 아-	삼촌, 고모

ครอบครัวฝ่ายแม่ 크랍-크루어-FH이-매- 외가			
ตา 따-	외할아버지	ยาย 야이-	외할머니
ลุง 룽	외삼촌	ป้า 빠-	큰이모
คุณแม่ / แม่ 쿤매-/매-	어머니	น้า 나-	외삼촌, 이모

ครอบครัว 크랍-크루어- 가족			
สามี 싸-미-	남편	ภรรยา 판라야-	아내, 와이프
ลูกสาว 룩-싸우-	딸	ลูกชาย 룩-차이-	아들
หลานสาว 란-싸우-	손녀, 조카딸	หลานชาย 란-차이-	손자, 조카
ลูกเขย 룩-크ㅓ이-	사위	ลูกสะใภ้ 룩-싸파이	며느리
พ่อตา 퍼-따-	장인어른	แม่ยาย 매-야이-	장모님
พ่อสามี 퍼-싸-미-	시아버지	แม่สาม 매-싸-미-	시어머니

พี่น้อง 피-넝- 형제, 자매			
พี่ชาย 피-차이-	형, 오빠	พี่สาว 피-싸우-	누나, 언니
น้องชาย 넝-차이-	남동생	น้องสาว 넝-싸우-	여동생

기본회화

Q **ครอบครัว ของ คุณ มี กี่ คน ครับ**
크럽-크루어- 컹- 쿤 미- 끼- 콘 크랍
당신의 가족은 몇 명 있어요?

A **ครอบครัว ของ ฉัน มี 5 คน ค่ะ**
크럽-크루어- 컹- 찬- 미- 하- 콘 카
저의 가족은 다섯 명 있어요.

Q **คุณ มี พี่น้อง กี่ คน ครับ**
쿤 미- 피- 넝- 끼- 콘 크랍
당신은 자녀가 몇 명 있어요?

A **ฉัน มี พี่สาว 1 คน และ น้องชาย 1คน ค่ะ**
찬 미- 피-싸우- 능 콘 래 넝-차이- 능 콘 카
저는 언니 한 명 그리고 남동생 한 명 있어요.

단어

ครอบครัว [크럽-크루어-]
가족

มี[미-]
있다

กี่[끼-]
몇, 얼마

คน[콘]
사람

พี่น้อง[피-넝-]
형제, 자매

พี่สาว[피-싸우-]
언니, 누나

น้องชาย[넝-차이-]
남동생

문법해설

소유와 존재를 나타내는 มี[미–]

มี[미–]는 '있다'라는 뜻을 가진 동사로 소유와 존재를 나타냅니다. มี[미–]는 주어 뒤에 위치하며, มี[미–] 뒤에 명사가 나올 경우 '~를 가지고 있다'라는 소유의 의미를 가집니다. '주어 + มี[미–] 있다 + 명사'의 형태입니다. 부정문으로 쓸 경우에는 앞에 ไม่[마이] 를 붙여 '주어 + ไม่มี[마이미–] + 명사' 형태로 씁니다.

1. 긍정문

주어 + มี[미–] 있다 + 명사 **영어 표현** have, there is/there are

ฉัน มี พี่ชาย ค่ะ 저는 오빠가 있어요.
찬 미– 피–차이– 카

ผม มี ลูกสาว 2 คน ครับ 저는 딸이 2명 있어요.
폼 미– 룩–싸우– 썽– 콘 크랍

คุณพ่อ ของ ผม อยาก มี หลานสาว ครับ 제 아버지는 손녀가 있기를 원하세요.
쿤퍼– 컹–폼 약– 미– 란–싸우– 크랍

2. 부정문

주어 + ไม่มี[마이미–] 없다 + 명사

ฉัน ไม่มี ลูกสาว แต่ว่า มี ลูกชาย ค่ะ 저는 딸은 없지만 아들이 있어요.
찬 마이미– 룩–싸우– 때–와– 미– 룩–차이– 카

 확인문제

1. 다음 빈칸에 태국어나 우리말을 써 봅시다.

1) พี่ชาย   2)   아버지/아빠

3) น้องสาว   4)   어머니/엄마

5) สามี   6)   아내

2. 다음 태국어를 읽고 우리말로 해석해 봅시다.

1) ครอบครัว ของ คุณ มี กี่ คน ครับ

_____

2) ผม มี พี่ชาย 1 คน และ มี พี่สาว 2 คน ครับ

_____

3. 다음 문장을 태국어로 써 봅시다.

1) 저는 아들이 없어요.

_____

2) 저의 가족은 5명 있어요.

_____

정답

1. 1) 오빠 2) คุณพ่อ/พ่อ 3) 여동생 4) คุณแม่/แม่ 5) 남편 6) ภรรยา

2. 1) 당신의 가족은 몇 명 있어요? 2) 저는 오빠가 1명 그리고 누나가 2명 있어요.

3. 1) ฉัน/ผม ไม่มี ลูกชาย ค่ะ/ครับ 2) ครอบครัว ของฉัน/ผม มี 5 คน ค่ะ/ครับ

문법보충

● 과거 이야기

태국어의 과거시제는 동사의 시제를 변형시키는 것이 아니라 완료를 의미하는 완료 조동사 **แล้ว**[래우–]를 동사 뒤에 사용함으로써 과거형 문장을 만들 수 있습니다.

เมื่อวาน ฉัน ตื่นนอน 11 โมง เช้า ค่ะ
므아–완– 찬 뜬–넌– 씹엣 몽– 차오 카
어제 아침 11시에 일어났어요.

สัปดาห์ ที่แล้ว ผม ถึงบ้าน ตี 2 ครับ
쌉다– 티–래우 폼 틍반– 띠– 썽– 크랍
지난주에 저는 새벽 2시에 집에 도착했어요.

ฉัน ไป ประเทศไทย ปีที่แล้ว ค่ะ
찬 빠이 쁘라텟–타이 삐–티–래우– 카
작년에 제가 태국에 갔어요.

2 เดือนที่แล้ว ผม ไป ดูหนัง กับ เพื่อน ครับ
썽– 드안–티–래우 폼 빠이 두–낭 깝 프안– 크랍
두 달 전에 저는 친구랑 영화 보러 갔어요.

태국 사람의 이름 2

앞에서도 언급하였지만 태국 사람의 서류상 이름은 매우 길어서 일상생활에서는 잘 사용하지 않습니다. 대신 별명을 이름처럼 사용합니다.

ชื่อเล่น[츠̂-렌̄] 별명

태국 사람들은 일상생활에서는 서류상의 이름이 아닌 별명을 만들어 사용합니다. 각 개인의 외형 또는 성격에 맞게 한두 단어로 별명을 짓습니다. 과일, 과자, 자연, 영어 알파벳, 영어 이름 등에서 이름을 따오는 경우가 많습니다. 요즘 부모님들은 예쁜 의미가 있는 단어들을 인터넷을 검색하여 별명을 짓기도 합니다.

● 태국에서 많이 쓰이는 별명들

과일	영어 알파벳	자연
แตงโม[땡̄-모̄-] 수박	**เอ**[에이] A	**ฝ้าย**[F̂ㅏ이-] 목화
ส้ม[쏨̂] 오렌지	**บี**[비] B	**ไหม**[마̌이] 실크
มะนาว[마́나̄우-] 레몬	**ซี**[씨] C	**ภูเขา**[푸̄-카̌오] 산
	เจ[제이] J	**นก**[녹́] 새
	โอ[오] O	**น้ำ**[남́] 물
	เค[케이] K	**ทราย**[싸̄이-] 모래

Part 17

แสดง สถานะ 싸댕– 싸타–나

나의 소개

단어 익히기

แต่งงาน 땡응안– 결혼하다

เลิกกัน 르ㅓ ㄱ–깐 헤어지다

โสด 쏫–	미혼, 싱글
มีแฟน 미–FㅐL–	애인이 있다
หย่า 야–	이혼하다
แยกกันอยู่ 액–깐유–	별거하다
คบกัน 콥깐	사귀다
แต่งงานใหม่ 땡응안–마이	재혼하다
ชอบ 첩–	좋아하다
รัก 락	사랑하다
พบ / เจอ 폽 / 쯔ㅓ–	만나다
แนะนำ 내남	소개하다
รักข้างเดียว 락캉–디야우–	짝사랑하다
หึง 흥	질투하다

기본회화

Q **คุณ มี แฟน หรือยัง ครับ**
쿤 미– F ㅐ ㄴ– 르–양 크랍
당신은 애인이 있어요?

A **ยัง ไม่มี แฟน ค่ะ / มี แฟน แล้ว ค่ะ**
양 마이미– F ㅐ ㄴ– 카 미– F ㅐ ㄴ– 래우– 카
애인이 아직 없어요. 애인이 있어요.

Q **คุณ แต่งงาน หรือยัง ครับ**
쿤 땡응안– 르– 양 크랍
당신은 결혼했어요?

A **แต่งงาน แล้ว ค่ะ / โสด ค่ะ**
땡응안– 래우– 카 쏫– 카
결혼했어요. 미혼이에요.

C **ผม ชอบ คุณ / ฉัน ชอบ คุณ**
폼 첩– 쿤 찬 첩– 쿤
저는 당신을 좋아해요.

ผม รัก คุณ / ฉัน รัก คุณ
폼 락 쿤 찬 락 쿤
저는 당신을 사랑해요.

เรา คบ[เลิก / แต่งงาน] กันเถอะ
라오 콥 [르ㅓㄱ–/땡응안–] 깐트ㅓ
우리 사귀자[헤어지자/결혼하자].

단어

แฟน[F ㅐ ㄴ–]
애인

มี[미–]
있다

ไม่มี [마이미–]
없다

แต่งงาน[땡응안–]
결혼하다

ชอบ[첩–]
좋아하다

รัก[락]
사랑하다

คบ[콥]
사귀다

เลิก[르ㅓㄱ–]
헤어지다

문법해설

กันเถอะ[깐트ㅓ] ~하자

กันเถอะ[깐트ㅓ]는 '~하자'라는 의미로 어조사 **เถอะ**[트ㅓ]가 문장 끝에 붙어 권유하는 의미가 됩니다. 그리고 **ค่ะ**[카]/**ครับ**[크랍]이 붙으면 존댓말이 됩니다.

주어 + 동사 + **กันเถอะ** + **ค่ะ/ครับ**

ไป กันเถอะ ค่ะ 갑시다.
빠이 깐트ㅓ 카

เรา แต่งงาน กันเถอะ ครับ 우리 결혼합시다.
라오 땡응안– 깐트ㅓ 크랍

กินข้าว กันเถอะ 밥을 먹자.
낀카우– 깐트ㅓ

ถ่ายรูป กันเถอะ 사진을 찍자.
타이–룹– 깐트ㅓ

문형 익히기

เรา ไปเที่ยว กันเถอะ ค่ะ/ครับ 우리 여행 갑시다.
라오 빠이티야우– 깐트ㅓ 카/크랍

1. เจอ [즈ㅓ–] 만나다
2. ปีนเขา [삔–카오–] 등산하다
3. ออกกำลังกาย [억–깜랑까이–] 운동하다

확인문제

1. 다음 빈칸에 태국어나 우리말을 써 봅시다.

1) โสด _____   2) _____ 헤어지다

3) แต่งงาน _____   4) _____ 이혼하다

5) คบกัน _____   6) _____ 애인 있다

2. 다음 문장을 태국어로 써 봅시다.

1) 저는 미혼이에요.

_____

2) 그녀는 결혼했어요.

_____

3) 저는 당신을 사랑해요.

_____

3. 다음 문장을 태국어로 써 봅시다.

1) 우리 사귀자.

_____

2) 밥 먹자.

_____

정답
1. 1) 미혼   2) เลิกกัน   3) 결혼하다   4) หย่า   5) 사귀다   6) มีแฟน
2. 1) ผม/ฉัน โสด ครับ/ค่ะ   2) เธอ แต่งงาน แล้ว ครับ/ค่ะ   3) ผม/ฉัน รัก คุณ ครับ/ค่ะ
3. 1) เรา คบ กันเถอะ   2) กินข้าว กันเถอะ

Part 18

กิริยา 1 끼리야- 능

동사 I

단어 익히기

เดิน 드ㅓㄴ- 걷다

วิ่ง 윙- 뛰다

นอนหลับ 넌-랍	자다
นั่ง 낭	앉다
กิน 낀	먹다
ดื่ม 듬-	마시다
ยืน y은-	일어서다, 서다
เขียน 키얀-	쓰다
ฟัง FㅏO	듣다
พูด 푸-	말하다
พูดคุย 풋-쿠이	이야기하다
อ่าน 안-	읽다
เรียน 리얀-	공부하다
สอน 썬-	가르치다
ซักผ้า 싹파-	빨래하다
ล้างจาน 랑-짠-	설거지하다

기본회화

Q **วันนี้ คุณ จะ ทำ อะไร บ้าง ครับ**
완니– 쿤 짜 탐 아라이 방– 크랍
오늘 당신은 뭐 하세요?

A1 **วันนี้ ฉัน ตั้งใจจะ อ่าน หนังสือ ค่ะ**
완니– 찬 땅짜이짜 안– 낭쓰– 카
오늘 책을 읽기로 했어요.

A2 **ผม ตั้งใจจะ ดื่ม เหล้า กับ เพื่อน ครับ**
폼 땅짜이짜 듬– 라오 깝 프안 크랍
저는 친구랑 술을 마시기로 했어요.

A3 **วันนี้ อากาศ ดี ฉัน ตั้งใจจะ ซักผ้า ค่ะ**
완니– 아–깟– 디– 찬 땅짜이짜 싹파– 카
오늘 날이 좋아서 빨래를 하기로 했어요.

Q **หลังจาก เรียน เสร็จ คุณ จะ ทำ อะไร ต่อ ครับ**
랑짝– 리얀– 쎗 쿤 짜 탐 아라이 떠– 크랍
수업이 끝난 후 그 다음에 뭐 할 거예요?

A **หลังจาก เรียน เสร็จ ฉัน ตั้งใจจะ เขียน รายงาน ให้ เสร็จ ค่ะ**
랑짝– 리얀– 쎗 찬 땅짜이짜 키얀– 라이–응안– 하이 쎗 카
수업이 끝난 후에 보고서를 끝까지 쓰기로 했어요.

단어

อะไร[아라이]
무엇

ทำ[탐]
하다

หนังสือ[낭쓰–]
책

อ่าน[안–]
읽다

เหล้า[라오]
술

ดื่ม[듬–]
마시다

อากาศ[아–깟–]
날씨

ดี[디–]
좋다

ซักผ้า[싹파–]
빨래하다

หลังจาก[랑짝–]
후에

เรียน[리얀–]
공부하다, 학습하다

เสร็จ[쎗]
끝

ต่อ[떠–]
그 다음에

รายงาน[라이–응안–]
보고서

เขียน[키얀–]
쓰다

문법해설

주어 + ตั้งใจจะ[땅짜이짜] + 동사 = ~하기로 했다

ตั้งใจจะ[땅짜이짜]는 '~하기로 했다'라는 표현으로 동사 앞에 씁니다. 일반적으로 '주어 + ตั้งใจจะ[땅짜이짜] + 동사' 어순의 형태로 쓰입니다.

เขา ตั้งใจจะ เรียน ภาษาเกาหลี 그는 한국어를 공부하기로 했다.
카오 땅짜이짜 리안- 파-싸-까오리-

ฉัน ตั้งใจจะ ไป กินข้าว กับ ครอบครัว 나는 가족이랑 밥 먹으러 가기로 했다.
찬 땅짜이짜 빠이 낀카우- 깝 크랍-크루어-

ฉัน ตั้งใจจะ อ่าน หนังสือ 나는 책을 읽기로 했다.
찬 땅짜이짜 안- 낭쓰-

เขา ตั้งใจจะ วิ่ง มาราธอน ใน เดือนหน้า 그는 다음 달에 마라톤을 뛰기로 했다.
카오 땅짜이짜 윙 마-라-턴 나이 드안-나-

ฉัน ตั้งใจจะ ไป ดื่ม กาแฟ กับ เพื่อน 나는 친구랑 커피를 마시러 가기로 했다.
찬 땅짜이짜 빠이 듬- 까-F ㅐ- 깝 프안-

ใน[나이] 안에
กาแฟ[까-Fㅐ-] 커피

문형 익히기

ผม ตั้งใจจะ แต่งงาน (กับ เธอ)
폼 땅짜이짜 땡응안- 깝 트ㅓ-

나는 (그녀와) 결혼하기로 했다.

1. **เจอ (กับ เพื่อน)** [즈ㅓ- (깝 프안-)] **(친구랑) 만나다**
2. **ช็อปปิ้ง (กับ ลูกสาว)** [첩삥 (깝 룩-싸우-)] **(딸과) 쇼핑하다**
3. **ดูหนัง (กับ คุณพ่อคุณแม่)** [두-낭 (깝 쿤퍼-쿤매-)] **(부모님과) 영화 보다**

확인문제

1. 다음 빈칸에 태국어나 우리말을 써 봅시다.

1) กิน ________　　2) ________ 앉다

3) เรียน ________　　4) ________ 읽다

5) ดื่ม ________　　6) ________ 쓰다

2. 다음 태국어를 읽고 우리말로 해석해 봅시다.

1) ผม ตั้งใจจะ ดื่ม เหล้า กับ เพื่อน ครับ

____

2) ฉัน ตั้งใจจะ กินข้าว ที่ บ้าน ค่ะ

____

3) เขา ตั้งใจจะ เรียน ภาษาไทย ครับ

____

3. 다음 문장을 태국어로 써 봅시다.

1) 빨래하기로 했어요.

____

2) 우리는 커피를 마시러 가기로 했어요.

____

Part 19

กิริยา 2 끼리야- 썽-

동사 2

단어 익히기

ร้องไห้ 렁-하이 울다

หัวเราะ 후어러어 웃다

มา 마-	오다
ไป 빠이	가다
ทำความสะอาด 탐쾀-싸앗-	청소하다
ทำการบ้าน 탐깐-반-	숙제하다
ทำ 탐	하다, 만들다
ชอบ 첩-	좋아하다
รัก 락	사랑하다
อิ่ม 임	배부르다
หิว 히우	배고프다
ดู 두-	보다
คิด 킷	생각하다
คิดถึง 킷틍	보고 싶다
ขาย 카이-	팔다
ซื้อ 쓰-	사다

기본회화

Q **หลังจาก เลิกงาน คุณ จะ ทำ อะไร ต่อ ครับ**

랑짝– 르ㅓㄱ–응안– 쿤 짜 탐 아라이 떠– 크랍

퇴근 후 그 다음에 뭐 할 거예요?

A **หลังจาก เลิกงาน ฉัน จะ ไป ตลาด ค่ะ**

랑짝– 르ㅓㄱ–응안– 찬 짜 빠이 따랏– 카

퇴근 후에 저는 시장에 갈 거예요.

Q **หลังจาก ดู หนัง เสร็จ คุณ จะ ทำ อะไร ต่อ ครับ**

랑짝– 두– 낭 쎗 쿤 짜 탐 아라이 떠– 크랍

영화가 끝난 후 그 다음에 당신은 뭐 할 거예요?

A **ฉัน จะ ไป ซื้อ เสื้อผ้า ค่ะ**

찬 짜 빠이 쓰– 쓰아–파– 카

저는 옷을 사러 갈 거예요.

Q **หลังจาก เรียน เสร็จ คุณ จะ ไป ที่ไหน ต่อ ครับ**

랑짝– 리얀– 쎗 쿤 짜 빠이 티–나이 떠– 크랍

수업이 끝난 후 어디에 갈 거예요?

A **หลังจาก เรียน เสร็จ ฉัน จะ ไป ที่ ห้องสมุด ค่ะ**

랑짝– 리얀– 쎗 찬 짜 빠이 티– 헝–싸뭇 카

저는 수업이 끝난 후 도서관에 갈 거예요.

단어

หลังจาก[랑짝–]
~후에

เลิกงาน[르ㅓㄱ–응안–]
퇴근

ต่อ[떠–]
다음

ไป[빠이]
가다

ตลาด[따랏–]
시장

ดู[두–]
보다

หนัง [낭]
영화

เสร็จ[쎗]
끝내다

ซื้อ [쓰–]
사다

เสื้อผ้า[쓰아–파–]
옷

เรียน[리얀–]
수업하다

ห้องสมุด[헝–싸뭇]
도서관

문법해설

종속접속사 **หลังจาก**[랑짝–]을 이용한 의문문

หลังจาก[랑짝–]은 '~이후에'라는 뜻의 종속접속사로, '~끝난 후 그 다음에 뭐 할 것입니까?/어디 갈 것입니까?'라고 물어볼 때 쓰는 말입니다.

1. **หลังจาก**[랑짝–]+동사+(**เสร็จ**[쎗])+**จะ**[짜]+(**ทำ อะไร**[탐 아라이] 뭐 하다+**ต่อ**[떠–]+**ครับ/คะ**[크랍/카]

= 동사가 끝난 이후에 뭐 할 거예요?

Q: หลังจาก ทำความสะอาด เสร็จ คุณ จะ ทำ อะไร ต่อ คะ

랑짝– 탐쾀–싸앗– 쎗 쿤 짜 탐아라이 떠– 카

청소 끝난 후 뭐 할 거예요?

A: หลังจาก ทำความสะอาด เสร็จ ฉัน จะ นอน ค่ะ

랑짝– 탐쾀–싸앗– 쎗 찬 짜 넌– 카

청소 끝난 후 저는 잘 거예요.

2. **หลังจาก**[랑짝–]+동사+(**เสร็จ**[쎗])+**จะ**[짜]+(**ไป ที่ไหน**[빠이 티–나이])어디 가다+**ต่อ**[떠–]+**ครับ/คะ**[크랍/카]

= 동사가 끝난 이후에 어디 갈 거예요?

Q: หลังจาก ทำงาน เสร็จ คุณ จะ ไป ที่ไหน ต่อ คะ

랑짝– 탐응안– 쎗 쿤 짜 빠이 티–나이 떠– 카

일이 끝난 후 어디에 갈 거예요?

A: หลังจาก ทำงาน เสร็จ ฉัน จะ ไป ที่ บ้าน ของคุณแม่ ค่ะ

랑짝– 탐응안– 쎗 찬 짜 빠이 티– 반– 컹–쿤매– 카

일이 끝난 후 저는 어머님의 집에 갈 거예요.

확인문제

1. 다음 빈칸에 태국어나 우리말을 써 봅시다.

1) ทำความสะอาด ________ 2) ________ 숙제하다

3) ดู ________ 4) ________ 하다

5) ซื้อ ________ 6) ________ 사랑하다

2. 다음 태국어를 읽고 우리말로 해석해 봅시다.

1) หลังจาก ทำการบ้าน เสร็จ ผม จะ นอน ครับ

____

2) หลังจาก ไป ตลาด เสร็จ ฉัน จะ กลับบ้าน

____

3) หลังจาก เลิกงาน ผม จะ ไป ดื่มเหล้า

____

3. 다음 문장을 태국어로 써 봅시다.

1) 영화가 끝난 후 그 다음에 당신은 뭐 할 거예요?

____

2) 영화가 끝난 후 저는 친구를 만나요.

____

정답

1. 1) 청소하다 2) ทำการบ้าน 3) 보다 4) ทำ 5) 사다 6) รัก 2. 1) 숙제를 끝낸 후 저는 잘 거예요.
2) 시장에 간 후 저는 집에 돌아갈 거예요. 3) 퇴근 후 저는 술을 마시러 갈 거예요.
3. 1) หลังจาก ดู หนัง เสร็จ คุณ จะ ทำ อะไร ต่อ ครับ/คะ 2) หลังจาก ดู หนัง เสร็จ ฉัน/ผม จะ พบเพื่อน ค่ะ/ครับ

Part 20

กิริยา 3 끼리야– 쌈–

동사 3

단어 익히기

เข้ามา 카오마– 들어오다 ออกมา 억–마– 나오다 ให้ 하이 주다 รับ 랍 받다

ออกกำลังกาย 억–깜랑까이–	운동하다
ขับรถ 캅롯	운전하다
จอด 쩟–	주차하다
เข้าไป 카오빠이	들어가다
ออกไป 억–빠이	나가다
ส่ง 쏭	보내다
เล่น 렌	놀다
ถาม 탐–	질문하다
ตอบ 떱–	대답하다
ใส่ 싸이	넣다
วาง 왕–	놓다
หา 하–	찾다
เปลี่ยน 쁘리얀–	바꾸다
ถึง 틍	도착하다
หยุด 윳	멈추다
ตาม 땀–	따르다

기본회화

A **วันนี้ คุณ ทำ อะไร คะ**
완니– 쿤 탐 아라이 카
오늘 뭐 해요?

B **วันนี้ ผม ออกไป ข้างนอก กับ คุณแม่**
완니 폼 억–빠이 캉–넉– 깝 쿤매–
ครับ แล้ว คุณ ล่ะ ครับ
크랍 래우– 쿤 라 크랍
오늘 저는 엄마랑 밖에 나갈 거예요. 당신은요?

A **วันนี้ จะ ไป ออกกำลังกาย ค่ะ**
완니– 짜 빠이 억–깜랑까이– 카
오늘 운동하러 갈 거예요.

B **ดี จัง ครับ ไป ออกกำลังกาย กับ ใคร**
디– 짱 크랍 빠이 억–깜랑까이– 깝 크라이
ครับ
크랍
아주 좋아요. 누구랑 운동하러 가요?

A **ฉัน ไป ออกกำลังกาย กับ สามี ค่ะ**
찬 빠이 억–깜랑까이– 깝 싸–미– 카
남편이랑 운동하러 가요.

단어

ข้างนอก[캉–넉–]
밖에

คุณแม่[쿤매–]
엄마

กับ[깝]
~와, ~과, ~랑

ออกกำลังกาย
[억–깜랑까이–]
운동하다

สามี[싸–미–]
남편

문법해설

กับ[깝] ~와/과

กับ[깝]은 '~와/과'라는 의미의 등위접속사 중 하나로, '주어 + 동사 + กับ[깝] + …사람(누구)… + (어디에)' 형태로 쓸 수 있습니다.

주어 + 동사 + กับ[깝] + …사람(누구)… + (어디에)

พิชชา เล่น กับ เพื่อน ที่ โรงเรียน 핏차가 학교에서 친구랑 놀아요.
핏차– 렌 깝 프안– 티– 롱–리얀–

คุณพลอยดาว ทำงาน กับ คุณณภัทร 프러이다우 씨는 나팟 씨랑 일해요.
프러이–다우– 탐응안– 깝 쿤나팟

สามี ดื่ม เหล้า กับ เพื่อนร่วมงาน 남편은 회사 동료랑 술을 마신다.
싸–미– 듬–라오 깝 프안–루엄–응안–

ฉัน ไป เที่ยว กับ เพื่อน ค่ะ 나는 친구랑 여행을 가요.
찬 빠이 티야우– 깝 프안– 카

ผม ทานอาหาร กับ ครอบครัว ครับ 저는 가족이랑 식사를 해요.
폼 탄–아–한 깝 크럽–크루어– 크랍

> **เพื่อนร่วมงาน**[프안–루엄–응안–] 회사 동료

문형 익히기

ฉัน ออกกำลังกาย กับ เพื่อน 나는 친구랑 운동을 하다.
찬 억–깜랑까이– 깝 프안–

1. ทานข้าว 식사하다 — ครอบครัว 가족
탄–카우– / 크럽–크루어–

2. ทำความสะอาด 청소하다 — คุณแม่ 엄마
탐쾀–싸앗– / 쿤매–

1. 다음 빈칸에 태국어나 우리말을 써 봅시다.

1) ขับรถ ______ 2) ______ 주다

3) ออกกำลังกาย ______ 4) ______ 받다

5) ออกไป ______ 6) ______ 도착하다

2. 다음 태국어를 읽고 우리말로 해석해 봅시다.

1) ฉัน ออก ไปข้างนอก กับ น้องสาว ค่ะ

______

2) ผม เข้าไป ที่ โรงเรียน กับเ พื่อน

______

3) เขา เล่น กับ พี่ชาย ที่ บ้าน ของ คุณยาย

______

3. 다음 문장을 태국어로 써 봅시다.

1) 저는 아내랑 밖에 가요.

______

2) 아들이 친구랑 놀아요.

______

문법 보충

●구어체 จัง[짱]

จัง[짱]은 '굉장히, 매우'라는 뜻을 가진 부사로, จริงๆ[찡찡], มาก[막-]과 같은 뜻이나 더 캐주얼한 느낌의 구어체입니다.

부사 จัง[짱] 굉장히, 매우

สวย จัง[쑤어이- 짱] 매우 예쁘다

ดี จัง[디-짱] 매우 좋다

เก่ง จัง[껭짱] 매우 잘하다

●주어 + ไป + 동사 = ~하러 가다

ผม ไป ซื้อ ของ ที่ ตลาด
폼 빠이 쓰- 컹- 티- 따랏-
나는 물건을 사러 시장에 간다.

แม่ ไป ดื่ม กาแฟ กับ พ่อ
매- 빠이 듬- 까-F ㅐ- 깝 퍼-
엄마는 아빠랑 술 마시러 가신다.

พี่ชาย ไป เดท กับ แฟน
피-차이- 빠이 뎃- 깝 Fㅐㄴ-
형이 애인이랑 데이트하러 간다.

น้อง ไป ดู หนัง
넝- 빠이 두- 낭
동생이 영화 보러 간다.

ชุดไทยเดิม 춧타이덤

　태국의 전통의상은 '춧타이덤'이라 하며 오랜 역사에 따른 문화를 보여 줍니다. 과거에는 남녀노소 전통복장을 갖추었으나 현재는 일반적으로 서구식 복장을 착용하고, 결혼식, 약혼식 등의 특별한 행사를 할 때 전통의상을 입습니다.

　최근 태국 정부는 전통의상 착용을 장려하기 위해 공무원과 학생들에게 일주일에 한 번 개량된 전통의상을 착용하는 날을 정해 따르도록 하고 있습니다.

　His Majesty King Maha Vajiralongkorn(와치라롱껀 국왕) 라마 10세는 "Oon Ai Rak Klay Kwam Nao" 위만맥 궁에서 12월에서 1월쯤에 겨울 축제를 개최합니다.

　이 행사에는 전통의상을 착용하면 태국인, 외국인 구별 없이 무료 입장이 가능합니다. 행사장에는 태국 각지의 특산품, 음식을 파는 상점과 왕실 주체 사업에서 생산된 물건을 파는 상점이 입점합니다.

Part 21

นัดหมาย 낫마이–

약속

단어 익히기

รอ 러– 기다리다

พบ 폽 만나다

ว่าง 왕–	한가하다
มีนัด 미–낫–	약속이 있다
วันหยุด 완윳	휴일
วันธรรมดา 완탐마다–	평일
ก่อน 껀–	전에
หลัง 랑	후에
ยกเลิกนัด 욕르ㅓ–ㄱ–낫	약속을 취소하다
เบี้ยวนัด 비아우–낫	바람맞히다, 약속을 어기다
นัดเวลา 낫외–라–	약속을 잡다
สาย 싸이–	늦다
สถานที่ 싸탄–티–	장소
ตอนเช้า 떤–차오	아침에
ตอนเย็น 떤–옌	저녁에
ภายหลัง 파이–랑	나중에

기본회화

A **พรุ่งนี้ คุณ ว่าง ไหม ครับ**
프룽니- 쿤 왕- 마이 크랍

내일 당신은 한가해요?

B **พรุ่งนี้ ฉัน มี นัด กับ เพื่อน ค่ะ**
프룽니- 찬 미- 낫 깝 프안- 카

내일 저는 친구랑 약속이 있어요.

A **อย่าง นั้น หรือ ครับ**
양- 난- 르- 크랍

그래요?

B **ค่ะ มี อะไร หรือ เปล่า คะ**
카 미- 아라이 르- 쁘라오 카

네. 무슨 일이 있어요?

A **ไปเที่ยว ที่ จตุจักร กัน ไหม ครับ**
빠이티야우- 티- 짜뚜짝 깐 마이 크랍

짜뚜짝 시장에 같이 놀러갈래요?

B **อ๋อ ได้ ค่ะ ประมาณ 1 ทุ่ม ได้ ไหม คะ**
어- 다이 카 쁘라만- 능 툼 다이 마이 카

아, 돼요. 저녁 7시쯤 가능하세요?

A **โอเค ครับ**
오-케- 크랍

네, 알겠습니다.

단어

พรุ่งนี้[프룽니-]
내일

ว่าง[왕-]
한가하다, 시간 있다

เพื่อน[프안-]
친구

มี[미-]
있다

นัด[낫]
약속

ไปเที่ยว
[빠이티야우-]
여행, 놀러가다

ประมาณ[쁘라만-]
대략, ~쯤

1 ทุ่ม[능 툼]
저녁 7시, 7pm(태국은
저녁 시간(7시~12시)
숫자 세는 법이 다릅
니다.)

ได้[다이]
가능하다

= เป็นไปได้
[뻰빠이다이]

โอเค[오-케-]
오케이, OK

문법해설

의문문 หรือเปล่า[르-쁘라오] = ~인가요 아닌가요?

사실 확인을 위해 더 확실하게 물어보고자 할 때에 형용사 뒤에 또는 동사 뒤에 쓰이며, 아닐 경우 답은 **เปล่า**[쁘라오]라고 해야 합니다.

더 확실하게 물어 보기 → 형용사 뒤에 / 동사 뒤에

A: คุณ ดู เหนื่อยๆ ไม่สบาย **หรือเปล่า** คะ
쿤 두- 느어이-느어니- 마이싸바이- 르-쁘라오 카
당신은 피곤해 보여요. 아픈가요 아닌가요?

B: ใช่ค่ะ ฉันไม่สบาย แต่ ต้อง ไปทำงาน ค่ะ
차이카 찬 마이싸바이- 때- 떵- 빠이탐응안- 카
네, 아픈데 일을 해야 해요.

A: หิวจัง กิน อะไร หน่อย ไหม?
히우짱 낀 아라이 너이- 마이
너무 배고픈데 뭐 좀 먹을래?

B: ร้านนี้ ดี **หรือเปล่า** ดู น่าอร่อย นะ
란-니- 디- 르-쁘라오 두- 나-아러이- 나
이 가게 어때(좋지 않아)? 맛있어 보여.

A: จัดไป ค่ะ
짯빠이 카
콜 좋아!

보통 **ไป ค่ะ**[빠이 카]라고 대답해도 되지만, 친분이 있는 관계의 경우 **จัดไป ค่ะ**[짯빠이 카]라고 쓸 수도 있습니다. 이는 한국어로 콜(call)에 해당되는 유행어입니다.

확인문제

1. 다음 빈칸에 태국어나 우리말을 써 봅시다.

1) ว่าง ______　　2) ______ 만나다

3) มีนัด ______　　4) ______ ~인가요 아닌가요?

5) วันหยุด ______　　6) ______ 좋아요!

2. 다음 태국어를 읽고 우리말로 해석해 봅시다.

1) พรุ่งนี้ คุณ ว่าง ไหม ครับ/คะ

______

2) มี อะไร หรือ เปล่า ครับ/คะ

______

3) ไม่สบาย หรือเปล่า ครับ/คะ

______

3. 다음 문장을 태국어로 써 봅시다.

1) 내일 약속 있어요?

______

2) 휴일에 저는 한가해요.

______

정답

1. 1) 한가하다　2) พบ　3) 약속 있다　4) หรือเปล่า ครับ/คะ　5) 휴일　6) จัดไป ครับ/ค่ะ

2. 1) 내일 당신은 한가해요?　2) 무슨 일이 있어요?　3) 아픈가요?/아픈가요 아닌가요?

3. 1) พรุ่งนี้ มี นัด ไหม ครับ/คะ　2) วันหยุด ฉัน/ผม ว่าง ค่ะ/ครับ

Part 22 วันหยุด 완윳

휴일

단어 익히기

ขี่จักรยาน 키-짝끄얀- 자전거를 타다

ปีนเขา 삔-카오 등산하다

วันหยุดราชการ 완윳랏-차깐-	공휴일
วันหยุดสุดสัปดาห์ 완윳쏫쌉다-	주말
วันลาพัก 완라-팍	휴가일
วันหยุดประจำปี / วันพักประจำปี 완윳쁘라짬삐- / 완팍쁘라짬삐-	연차 휴가
เวลาพักผ่อน 외-라-팍펀-	쉬는 시간, 휴식 시간
ไปเที่ยว 빠이티야우-	놀러가다, 여행을 가다
ใช้ เวลา กับ ครอบครัว 차이 외-라- 깝 크럽-크루아-	가족이랑 시간을 보내다
ใช้ เวลา กับ เพื่อน 차이 외-라- 깝 프안-	친구랑 시간을 보내다
ดื่มเหล้า 듬-라오-	술을 마시다
ทาน อาหาร อร่อยๆ 탄- 아-한- 아러이-아러이-	맛있는 음식을 먹다
ไปเดท 빠이뎃-	데이트를 하다
ไปซื้อของ 빠이쓰-컹-	물건을 사러 가다

기본회화

A วันหยุดสุดสัปดาห์ คุณ จะ ไป ที่ไหน
완윳쑷쌉다–　쿤　짜　빠이　티–나이
บ้าง ครับ
방–　크랍
주말에 당신은 어디에 갈 거예요?

B ฉัน จะ ใช้ เวลา กับ ครอบครัว และ
찬　짜　차이　외–라–　깝　크럽–크루아–　래
ไป เที่ยว อะควาเรี่ยม ด้วยกัน ค่ะ
빠이　티야우–　아콰–리얌–　두어이–깐　카
저는 가족이랑 시간을 보내고 아쿠아리움도 같이 놀러갈 거예요.

A ช่วง ลาพักร้อน ของ คุณ มี กี่ วัน ครับ
추엉–　라–팍런–　컹–　쿤　미–　끼–　완　크랍
여름 휴가는 며칠이에요?(얼마나 쉬어요?)

B มี 2 สัปดาห์ ค่ะ
미–　썽–　쌉다–　카
2주 쉬어요.

A คุณ อยาก ทำ อะไร ช่วง ลาพักร้อน
쿤　약–　탐　아라이　추엉–　라–팍런–
บ้าง ครับ
방–　크랍
여름 휴가에 뭐 하고 싶어요?

B ฉัน อยาก ไปเที่ยว ต่างประเทศ ค่ะ
찬　약–　빠이티야우–　땅–쁘라텟–　카
ทาน อาหาร อร่อยๆ และ พักผ่อน ค่ะ
탄–　아–한–　아러이–아러이–　래　팍펀–　카
저는 해외여행 가고 싶어요. 맛있는 음식을 먹고 푹 쉴 거예요.

단어

วันหยุดสุดสัปดาห์ [완윳쑷쌉다–]
주말

ที่ไหน[티–나이]
어디

ใช้[차이]
사용하다, 이용하다, 쓰다

เวลา[외–라–]
시간

ครอบครัว [크럽–크루아–]
가족

อะควาเรี่ยม [아콰–리얌–]
아쿠아리움

ด้วยกัน[두어이–깐]
같이, 함께

ลาพักร้อน [라–팍런–]
여름 휴가

ไปเที่ยว[빠이티야우–]
여행

ต่างประเทศ [땅–쁘라텟–]
해외

ช่วง[추엉–]
기간

2 สัปดาห์ [썽– 쌉다–]
2주

พักผ่อน[팍펀–]
쉬다

อาหาร[아–한–]
음식

 **문법해설**

อยาก[약-]＋동사 = ～하고 싶다

'อยาก[약-] + 동사'는 '～하고 싶다'라는 뜻으로, 'อยาก[약-]'은 희망, 소원의 뜻을 가진 조동사로 동사 앞에 씁니다.

ผม อยาก ท่องเที่ยว ประเทศญี่ปุ่น ครับ   저는 일본 여행을 하고 싶어요.
폼 약- 텅티아우- 쁘라텟-y이-뿐 크랍

ฉัน อยาก เรียน ภาษาไทย ค่ะ   저는 태국어 공부를 하고 싶어요.
찬 약- 리얀- 파-싸-타이 카

ฉัน อยาก ดู ละคร ค่ะ   저는 드라마를 보고 싶어요.
찬 약- 두- 라-컨- 카

ผม อยาก พักผ่อน ครับ   저는 쉬고 싶어요.
폼 약- 팍펀- 크랍

 **문형 익히기**

ฉัน อยาก ไปเที่ยว ค่ะ 나는 여행을 가고 싶어요.
폼   약-   빠이티아우-   카

1. นอน เร็ว [넌- 레우] 일찍 자다
2. ไป แคมป์ปิ้ง [빠이- 캠삥] 캠핑 가다
3. ดื่มเหล้า [듬-라오] 술을 마시다

확인문제

1. 다음 빈칸에 태국어나 우리말을 써 봅시다.

1) วันหยุดสุดสัปดาห์ ________ 2) ________ 쉬는 시간/휴식 시간

3) วันหยุดราชการ ________ 4) ________ 휴가일

5) ทาน อาหาร อร่อยๆ ________ 6) ________ 데이트를 하다

2. 다음 태국어를 읽고 우리말로 해석해 봅시다.

1) วันหยุดสุดสัปดาห์ คุณ จะ ไป ที่ไหน บ้าง ครับ/คะ

____

2) คุณ อยาก ทำ อะไร ช่วง ลาพักร้อน บ้าง ครับ/คะ

____

3) ฉัน อยาก ใช้ เวลา กับ ครอบครัว

____

3. 다음 문장을 태국어로 써 봅시다.

1) 저는 쉬고 싶어요.

____

2) 저는 여행을 하고 싶어요.

____

정답

1. 1) 주말 2) เวลาพักผ่อน 3) 공휴일 4) วันลาพัก 5) 맛있는 음식을 먹다 6) ไปเดท
2. 1) 주말에 당신은 어디에 갈 거예요? 2) 여름 휴가에 뭐 하고 싶어요? 3) 가족이랑 시간을 보내고 싶어요.
3. 1) ผม/ฉัน อยาก พักผ่อน ครับ/คะ 2) ผม/ฉัน อยาก ไปเที่ยว ครับ/ค่ะ

Part 23 ไปเที่ยว 빠이티아우– 여행

단어 익히기

ทะเล 타레– 바다

ภูเขา 푸–카오 산

แม่น้ำ 매–남 강

เที่ยว ในประเทศ 티아우– 나이쁘라텟–	국내 여행
เที่ยว ต่างประเทศ 티아우– 땅–쁘라텟–	해외 여행
เกาะ 꺼	섬
น้ำพุร้อน 남푸런–	온천
น้ำตก 남똑	폭포
สวนน้ำ 쑤언–남	워터파크
สวนสนุก 쑤언–싸눅	놀이공원
สวนสัตว์ 쑤언–쌋	동물원

● 태국 여행 장소

กรุงเทพมหานคร 끄룽텝–마하–나컨– 방콕	เลย 르ㅓ이– 르이
อยุธยา 아윳타야– 아윳타야	ขอนแก่น 컨–깬 컨깬
เชียงใหม่ 치앙–마이 치앙마이	พัทยา 팟타야– 팟타야
เชียงราย 치앙–라이– 치앙라이	ภูเก็ต 푸–껫 푸껫
ลำปาง 람빵– 람빵	กระบี่ 끄라비– 끄라비

A ไปเที่ยว ที่ไหน ดี ครับ

빠̂이티야우- 티̂-나̀이 디̄- 크랍

어디에 놀러가는 게 좋을까요?

B อยาก ไปเที่ยว เกาะ ตาชัย ค่ะ

약̀- 빠̂이티야우- 꺼̀ 따̄-차이 카̂

따차이 섬에 놀러가고 싶어요.

A อยาก ไปเที่ยว ทะเล หรือ(หรอ) ครับ

약̀- 빠̂이티야우- 타́레̄- 르̌-(러̌-) 크랍

바다에 놀러가고 싶어요?

B ใช่ค่ะ ได้ยิน ว่า ทะเล สวยมาก ค่ะ

차̂이카̂ 다̂이y인 와̂- 타́레̄- 쑤̌어이-막̂- 카̂

네. 바다가 너무 예쁘다고 하더라고요.

A ผม ก็ ยัง ไม่ เคย ไป ครับ งั้น ไปกันเถอะ

폼̌ 꺼̂ 양 마̂이 크ㅓ̄이- 빠̄이 크랍 응안̂ 빠̂이깐트ㅓ̀

ครับ

크랍

나도 가본 적 없어요. 그럼 같이 가요.

ไปเที่ยว
[빠̂이티야우-]
여행, 놀러가다

ที่ไหน[티̂-나̀이]
어디

ดี[디̄-]
좋다

เกาะ[꺼̀]
섬

ทะเล[타́레̄-]
바다

ได้ยิน[다̂이y인]
들리다

สวยมาก[쑤̌어이-막̂-]
예쁘장하다

ก็[꺼̂]
~도, ~면, 그런데

งั้น[응안̂]
그러면, 그처럼, 그런

เคย[크ㅓ̄이-]
적이 있다

ไปกันเถอะ
[빠̂이깐트ㅓ̀]
같이 가다

문법해설

1. เคย[크ㅓ이-] 본 적이 있다, ~한 적이 있다
ไม่เคย[마이크ㅓ이] 본 적이 없다, ~한 적이 없다

과거의 경험을 나타내는 조동사 เคย[크ㅓ이-]는 '~한 적 있다'라는 뜻입니다. 부정의 경우에는 เคย[크ㅓ이-] 앞에 ไม่[마이]를 놓아 ไม่เคย[마이크ㅓ이]라고 하면 됩니다.

주어+เคย/ไม่เคย[크ㅓ이-/마이 크ㅓ이]+동사+목적어

ฉัน เคย กิน ทุเรียน ค่ะ　저는 두리안을 먹은 적이 있어요.
찬 크ㅓ이- 낀 투리안- 카

ผม เคย ดู ละครเวที ครับ　저는 뮤지컬을 본 적이 있어요.
폼 크ㅓ이- 두- 라컨-외-티- 크랍

ผม ไม่เคย ไป ที่ ลำปาง ครับ　저는 람빵에 가본 적이 없어요.
폼 마이크ㅓ이- 빠이 티- 람빵- 크랍

ฉัน ไม่เคย ขับรถ ที่ เกาหลี ค่ะ　저는 한국에서 운전한 적이 없어요.
찬 마이크ㅓ이- 캅롯 티- 까오리- 카

2. 모음 조건

태국어 모음을 읽을 때 자음 뒤에 ร이 오면 โอ[오]로 발음해야 할 것 같지만, ออน[언]으로 발음합니다.

จร = จ ㅉ + อ ㅓ + น ㄴ = 쩐(○), 쫀(×)

คร = ค ㅋ + อ ㅓ + น ㄴ = 컨(○), 콘(×)

กร = ก ㄲ + อ ㅓ + น ㄴ = 껀(○), 꼰(×)

확인문제

1. 다음 빈칸에 태국어나 우리말을 써 봅시다.

1) ทะเล ______ 2) ______ 국내 여행

3) ภูเขา ______ 4) ______ 워터파크

5) เที่ยว ต่างประเทศ ______ 6) ______ 동물원

2. 다음 태국어를 읽고 우리말로 해석해 봅시다.

1) ไปเที่ยว ที่ไหน ดี ครับ/คะ

______

2) อยาก ไปเที่ยว สวนน้ำ ครับ/ค่ะ

______

3) ฉัน ไม่เคย ไป น้ำพุร้อน ค่ะ

______

3. 다음 문장을 태국어로 써 봅시다.

1) 저는 해외 여행을 가본 적이 있어요.

______

2) 나는 바다를 가본 적이 없어.

______

정답

1. 1) 바다 2) เที่ยว ในประเทศ 3) 산 4) สวนน้ำ 5) 해외 여행 6) สวนสัตว์
2. 1) 어디에 놀러가는 게 좋을까요? 2) 워터파크에 가고 싶어요? 3) 저는 온천에 가본 적이 없어요.
3. 1) ผม/ฉัน เคยไป เที่ยว ต่างประเทศ ครับ/ค่ะ 2) ฉัน/ผม ไม่เคย ไปเที่ยว ทะเล

Part 24

ฤดูกาล 르두-깐-
계절

단어 익히기

รอ้น 런- 덥다/뜨겁다

หนาว 나우- 춥다

● 한국의 계절

ฤดูใบไม้ผลิ 르두-바이마이프리	봄
ฤดูร้อน 르두-런-	여름
ฤดูใบไม้ร่วง 르두-바이마이루엉-	가을
ฤดูหนาว 르두-나우-	겨울

● 태국의 계절

ฤดูร้อน 르두-런-	여름(2월 중부터 5월 중까지)
ฤดูฝน 르두-Fㅗㄴ	우기(5월 중부터 10월 중까지)
ฤดูหนาว 르두-나우-	겨울(10월 중부터 2월 중까지)

ใบไม้ 바이마이	나뭇잎
ผลิ 프리	피다, 나다
ร่วง 루엉-	떨어지다
ฝน Fㅗㄴ	비

Q ที่ ประเทศเกาหลี เดือน ไหน ร้อน ที่สุด
티– 쁘라텟–까오리–   드안– 나이 런– 티–쑷

ครับ
크랍

한국은 어느 달이 제일 더운가요?

A เดือน สิงหาคม เป็น เดือน ที่ ร้อน ที่สุด ค่ะ
드안– 씽하–콤 뻰 드안– 티– 런– 티–쑷 카

8월이 제일 더운 달이에요.

Q ที่ ประเทศไทย เดือน ไหน ร้อน ที่สุด
티– 쁘라텟–타이   드안– 나이 런– 티–쑷

ครับ
크랍

태국은 어느 달이 제일 더워요?

A เดือน เมษายน เป็น เดือน ที่ ร้อน ที่สุด ค่ะ
드안– 메–싸–욘 뻰 드안– 티– 런– 티–쑷 카

4월이 제일 더운 달이에요.

Q คุณ ชอบ ฤดู ไหน ที่สุด ครับ
쿤 첩– 르두– 나이 티–쑷 크랍

당신은 어느 계절을 제일 좋아하나요?

A ฉัน ชอบ ฤดูใบไม้ผลิ ค่ะ
찬 첩– 르두–바이마이프리 카

저는 봄을 제일 좋아해요.

เพราะว่า มี ดอกซากุระ ค่ะ
프러와– 미– 덕–싸–꾸라 카

벚꽃이 있기 때문이에요.

ประเทศเกาหลี
[쁘라텟–까오리–]
한국

ที่สุด[티–쑷]
제일

เดือน[드안–]
월, 달

ร้อน[런–]
덥다

สิงหาคม[씽하–콤]
8월

ประเทศไทย
[쁘라텟–타이]
태국

เมษายน[메–싸–욘]
4월

ฤดู[르두–]
계절

ดอก[덕–]
꽃

ดอกซากุระ
[덕–싸–꾸라]
벚꽃

เพราะว่า[프러와–]
때문이다

문법해설

수식사 ที่สุด[티–쏫] 가장, 제일

태국어에서 최상급은 '가장, 제일'이라는 의미를 지닌 수식사 **ที่สุด**[티–쏫]을 동사나 형용사 뒤에 놓아 사용합니다.

1. 동사 + **ที่สุด**[티–쏫]

ชอบ ที่สุด　제일 좋아한다.
첩– 티–쏫

รัก ที่สุด　제일 사랑한다.
락– 티–쏫

เขา ชอบ กิน ไอศกรีม ที่สุด　아이스크림 먹기를 제일 좋아한다.
카오 첩– 낀 아이싸끄림– 티–쏫

เธอ รัก แม่ ที่สุด　그녀는 엄마를 제일 사랑한다.
트ㅓ– 락– 매– 티–쏫

2. 형용사 + **ที่สุด**[티–쏫]

ดี ที่สุด　제일 좋다.
디– 티–쏫

สวย ที่สุด　제일 예쁘다.
쑤어이– 티–쏫

ร้อน ที่สุด　가장 덥다.
런– 티–쏫

มาก ที่สุด　제일 많다.
막– 티–쏫

확인문제

1. 다음 빈칸에 태국어나 우리말을 써 봅시다.

1) ฤดูใบไม้ผลิ ______ 2) ______ 계절

3) ฤดูใบไม้ร่วง ______ 4) ______ 겨울

5) ฤดูฝน ______ 6) ______ 여름

2. 다음 태국어를 읽고 우리말로 해석해 봅시다.

1) คุณ ชอบ ฤดู ไหน ที่สุด ครับ/คะ

______

2) ที่ ประเทศ เกาหลี เดือน ไหน ร้อน ที่สุด คะ

______

3) ฉัน ชอบ ฤดูใบไม้ร่วง ที่สุด ค่ะ

______

3. 다음 문장을 태국어로 써 봅시다.

1) 한국은 1월이 제일 추운 달이에요.

______

2) 태국은 4월이 제일 더운 달이에요.

______

회화 익히기

A วันหยุด ของคุณ เมื่อไร ครับ
완윳 컹쿤 므아-라이 크랍

B เดือน มกราคม ค่ะ
드안- 목까라-콤 카

A เรา ไปเที่ยว ต่างประเทศ กัน ดีไหม ครับ
라오 빠이티아우- 땅-쁘라텟- 깐 디-마이 크랍

B ดี ค่ะ ฉัน อยาก ไป ประเทศไทย ค่ะ
디- 카 찬 약- 빠이 쁘라텟-타이 카

A อยาก ไป ที่ ไหน บ้าง ครับ
약- 빠이 티- 나이 방- 크랍

B อยาก ไปเที่ยว ภูเขา ที่ เชียงใหม่ ค่ะ
약- 빠이티아우- 푸-카오 티- 치앙-마이 카

เดือน มกราคม ที่ เชียงใหม่ เป็น ฤดูหนาว ค่ะ
드안- 목까라-콤 티- 치앙-마이 뻰 르두-나우- 카

A อากาศ ไม่ หนาว มาก ใช่ไหม ครับ
아-깟- 마이 나우- 막- 차이마이 크랍

B ใช่ค่ะ อากาศ คล้าย กับ ฤดูใบไม้ร่วง ค่ะ
차이카 아-깟- 크라이 깝 르두-바이마이루엉- 카

ฉัน ยัง ไม่เคย ไป ที่ นั่น ค่ะ ฉัน อยาก ไป ที่สุด ค่ะ
찬 양 마이크ㅓ이- 빠이 티- 난 카 찬 약- 빠이 티-쑷 카

> คล้าย [크라이-] 비슷하다

해석

A 휴가는 언제예요?
B 1월이에요.
A 우리 해외 여행을 가면 어때요?
B 좋아요. 저는 태국에 가고 싶어요.
A (태국) 어디에 가고 싶은데요?
B 치앙마이 산으로 여행을 가고 싶어요.
1월에 치앙마이는 겨울이에요.
A 너무 춥지 않죠?
B 네, 날씨가 가을이랑 비슷해요.
저는 거기에 가본 적이 없어요. 제일 가고 싶어요.

태국 속으로

태국 음식

태국에는 다양한 음식이 있고 음식의 특징은 지리적으로 열대기후대에 속합니다. 태국은 매우 비옥한 토지와 풍부한 물, 태양열을 바탕으로 한 세계적인 곡창지대이며, 열대 과일과 향신료도 풍부한 나라입니다. 내륙의 강에는 다양한 민물고기들이 서식하며, 삼면이 바다와 접해 있어 각종 해산물들이 풍부합니다. 오랜 세월 자유와 평화, 풍요를 누려 식량난을 겪어본 적이 없었기 때문에 일반 국민들의 식생활 문화가 크게 발전했습니다.

보통 외국인들이 맵고 짜고 시고 달다고 하는 태국 요리를 늘어놓은 밥상을 '**สำรับ**[쌈랍]'이라고 부르는데, '**สำรับ**[쌈랍]'은 탕, 볶음, 찌개, 튀김 그리고 남프릭(양념 소스)으로 구성됩니다.

● **สำรับ**[쌈랍]의 예

ข้าว[카우–] 밥

ผัดผัก[팟팍] 야채볶음

ยำวุ้นเส้น[얌운쎈–] 얌운쎈

แกงเขียวหวาน[깽–키야우–완–] 그린 카레

ไข่เจียว[카이찌야우–] 태국 오믈렛

'**สำรับ**[쌈랍]'은 가족 내의 모든 세대가 함께 먹는 태국인 생활 방식을 나타냅니다. '**สำรับ**[쌈랍]'은 입가심의 일환으로 음식 맛의 밸런스를 맞추기 위해 균형있게 차려야 합니다.

예를 들어, 신 음식이 한 가지 있으면 단 음식이 있어야 하고, 또 매운 음식이 있을 경우에는 담백한(싱거운) 음식이나 짠 음식이 있어야 합니다.

이는 먹음직스럽고 영양이 있으며, 가족 내 모든 세대를 아우를 수 있는 적합한 음식을 만들려는 태국인의 특색과 지혜를 보여줍니다.

Part 25

อากาศ 1 아-깟- 능
날씨 I

단어 익히기

พระอาทิตย์ 프라아-팃 태양, 해

พระจันทร์ 프라짠 달

ดาว 다우- 별

อากาศ 아-깟- 날씨					
ฝนตกหนัก	F ㅗㄴ똑낙	폭우	ชื้น	츤-	습하다
หิมะ	히마	눈	พายุฝน	파-유Fㅗㄴ	폭풍우
อบอุ่น	옵운	따뜻하다	หมอก	먹-	안개
พายุหิมะ	파-유히마	폭풍	ฟ้าร้อง	Fㅏ-렁-	천둥
เย็น	옌	쌀쌀하다	มืดครึ้ม	믓-크름	흐리다
ลม	롬	바람	ฟ้าแลบ	Fㅏ-랩-	번개
ลมแรง	롬랭-	센바람	ฝน	Fㅗㄴ	비
เย็นๆ	옌옌	선선하다	ไต้ฝุ่น	따이Fㅜㄴ	태풍
เย็นสบาย	옌싸바이-	시원하다	พายุ	파-유	폭풍
มืดครึ้ม	믓-크름	흐리다	น้ำท่วม	남투엄-	홍수
ฤดูแล้ง	르두-랭-	건기	ไฟป่า	Fㅏ이빠-	산불

기본회화

Q **ที่ ประเทศเกาหลี อากาศ เป็นอย่างไร บ้าง ครับ**
티- 쁘라텟-까오리- 아-깟- 뻰양-라이 방- 크랍
한국 날씨는 어때요?

A **ตอนนี้ อากาศ เย็นสบาย ค่ะ**
떤-니- 아-깟- 옌싸바이- 카
지금 날씨는 시원해요.

Q **ที่ ประเทศไทย อากาศ เป็นอย่างไร บ้าง ครับ**
티- 쁘라텟-타이 아-깟- 뻰양-라이 방- 크랍
태국 날씨는 어때요?

A **ช่วงนี้ อากาศ ชื้น ค่ะ**
추엉-니- 아-깟- 츤- 카
요즘에 날씨가 습해요.

เพราะว่า ฝนตก ค่ะ
프러와- Fㅗㄴ똑 카
왜냐하면 비가 오기 때문이에요.

단어

ที่[티-]
~에, ~에서(장소 앞의 전치사, 관계대명사)

อากาศ[아-깟-]
날씨

เป็นอย่างไร[뻰양-라이]
어떠하다

ตอนนี้[떤-니-]
지금

เย็นสบาย[옌싸바이-]
시원하다

ช่วงนี้[추엉-니-]
요즘

ชื้น[츤-]
습하다

เพราะว่า[프러와-]
때문에, 왜냐하면

ฝนตก[Fㅗㄴ똑]
비가 오다

ตก[똑]
떨어지다, 빠지다

문법해설

접속사 เพราะว่า[프러와–] 왜냐하면 ~ 때문이다, 그 이유는 ~이니까

접속사 **เพราะว่า**[프러와–]는 '왜냐하면 ~ 때문이다, 그 이유는 ~이니까'라는 뜻으로, 다음에 이유나 원인이 옵니다.

의문문에서 접속사 **เพราะว่า**[프러와–]를 쓸 때는 어떤 이유를 묻거나 왜 그런 것인지 물어보기 위해서입니다.

เพราะว่า อะไร ครับ 뭐 때문이에요?
프러와– 아라이 크랍

긍정문에서 접속사 **เพราะว่า**[프러 와–]를 쓸 때는 다음과 같은 형태를 취합니다.

문장 1 + เพราะว่า + 문장 2

วันนี้ อากาศ หนาว เพราะว่า หิมะตก
완니– 아–깟– 나우– 프러와– 히마똑
오늘은 날씨가 춥다. 왜냐하면 눈이 온다.
→ 눈이 오기 때문에 오늘은 날씨가 춥다.

ช่วงนี้ อากาศ อบอุ่น เพราะว่า เป็น ฤดูใบไม้ร่วง
추엉–니– 아–깟– 옵운 프러와– 뻰 르두–바이마이루엉–
요즘에 날씨가 따뜻하다. 왜냐하면 가을이다.
→ 가을이기 때문에 요즘에 날씨가 따뜻하다.

확인문제

1. 다음 빈칸에 태국어나 우리말을 써 봅시다.

1) อบอุ่น	______	2) ______	눈
3) เย็น	______	4) ______	선선하다
5) ฝน	______	6) ______	바람

2. 다음 태국어를 읽고 우리말로 해석해 봅시다.

1) วันนี้ ฝกตก ครับ/ค่ะ

____

2) ช่วงนี้ อากาศ อบอุ่น ครับ/ค่ะ

____

3) ช่วงนี้ อากาศ เป็นอย่างไร บ้าง ครับ/คะ

____

3. 다음 문장을 태국어로 써 봅시다.

1) 요즘에 날씨가 쌀쌀하다. 왜냐하면 봄이다.

____

2) 오늘 날씨가 춥다. 왜냐하면 눈이 온다.

____

Part 26

อากาศ 2 아–깟– 쌍–
날씨 2

단어 익히기

แดด 댓– 햇빛

มีเมฆมาก 미–멕–막– 구름이 많다

อากาศ แย่ 아–깟– 얘–	날씨가 나쁘다
แดดจ้า 댓–짜–	강한 햇살
แดดร้อนระอุ 댓–런–라우	작열하는 뙤약볕
ท้องฟ้าปลอดโปร่ง 텅–FㅏI–쁘럿–쁘롱–	화창한 날씨, 푸른 하늘, 청천
อากาศ ดี 아–깟– 디–	날씨가 좋다
อากาศ สดชื่น 아–깟– 솟츤–	공기가 상쾌하다
อากาศ แจ่มใส 아–깟– 쨈싸이	날씨가 맑다
อากาศ ไม่ดี 아–깟– 마이디–	날씨가 좋지 않다
ฝุ่น Fㅜㄴ	먼지
ฝุ่นเหลือง Fㅜㄴ르앙–	미세먼지
อุณหภูมิ 운하품–	기온, 온도
พยากรณ์อากาศ 파야–껀–아–깟–	기상청
องศา 옹싸–	~도
อากาศ ติดลบ 아–깟– 띳롭	영하 ~도

기본회화

A **วันนี้ ออก ไป ข้างนอก กัน ดีไหม คะ**
완니- 억- 빠이 캉-넉- 깐 디-마이 카
오늘 밖에 나가면 좋을까요?

B **ดี ครับ วันนี้ อากาศ ดี มาก ครับ**
디- 크랍 완니- 아-깟- 디- 막- 크랍
좋아요. 오늘 날씨가 너무 좋아요.

A **ใช่ ค่ะ ท้องฟ้าปลอดโปร่ง**
차이 카 텅-Fㅏ-쁘럿-쁘롱-
맞아요. 화창한 날씨예요.

B **เรา ไป กิน บิงซู กัน ดีไหม ครับ**
라오 빠이 낀 빙쑤- 깐 디-마이 크랍
우리 빙수를 먹으면 어떨까요?

A **ไป ค่ะ วันนี้ อากาศ ดี แต่ มี แดดจ้า**
빠이 카 완니- 아-깟- 디- 때- 미- 댓-짜-
รู้สึก ร้อน นิดหน่อย ค่ะ
루-쓱 런- 닛너이- 카
가요. 오늘 날씨가 좋지만 강한 햇살이 있어서 좀 더워요.(느꼈어요)

단어

ข้างนอก[캉-넉-]
밖에

กัน[깐]
서로

ดี[디-]
좋다

มาก[막-]
너무, 매우

ท้องฟ้าปลอดโปร่ง
[텅-Fㅏ-쁘럿-쁘롱-]
화창한 날씨

บิงซู[빙쑤-]
빙수
*น้ำแข็งไส
남캥싸이(태국 빙수 종류)

แต่[때-]
그러나

แดดจ้า[댓-짜-]
강한 햇살

รู้สึก[루-쓱]
느끼다

นิดหน่อย[닛너이-]
조금, 약간

ร้อน[런-]
덥다

문법해설

의문사 **ดีไหม**[디-마이] = ~좋을까?, ~어떨까?

'**ดี**[디-] 좋다'에 의문사 '**ไหม**[마이] ~인가요?'가 붙은 형태로 '~하는 것이 어떠니?, ~하는 게 좋을까?'라는 의미입니다. **ดีไหม**[디-마이]를 문장 끝에 놓아 의문문을 만들면 상대방의 의사를 물을 수 있습니다. '명사/형용사/동사 + **ดีไหม**[디-마이]'의 형태로 쓰입니다.

명사/형용사/동사 + ดีไหม[디-마이]

แบบนี้ ดีไหม　이렇게 하면 좋을까?
뱁-니- 디-마이

สีนี้ ดีไหม　이 색깔이 좋을까?
씨-니- 디-마이

ไป ที่นี่ กัน ดีไหม　여기에 같이 가면 좋을까?
빠이 티-니- 깐 디-마이

ดื่ม กาแฟ กัน ดีไหม　커피를 함께 마시면 좋을까?
듬- 까-퐤- 깐 디-마이

문형 익히기

เรา ไปเที่ยว กัน ดีไหม คะ/ครับ
라오 빠이-티야우- 깐 디-마이 카/크랍
우리 함께 여행 가면 어떨까요?

1. **ทานอาหาร กัน** [탄-아-한- 깐] 같이 식사하다
2. **ดื่มเหล้า กัน** [듬-라오 깐] 술 한잔 하다
3. **พรุ่งนี้ เจอ กัน** [프룽니- 즈ㅓ- 깐] 내일 만나다

확인문제

1. 다음 빈칸에 태국어나 우리말을 써 봅시다.

1) อากาศ ดี ______　　2) ______ 날씨가 좋지 않다

3) แดดจ้า ______　　4) ______ 공기가 상쾌하다

5) อากาศ แจ่มใส ______　　6) ______ 푸른 하늘

2. 다음 태국어를 읽고 우리말로 해석해 봅시다.

1) วันนี้ อากาศ ดี ครับ/ค่ะ

______

2) วันนี้ มี เมฆมาก ครับ/ค่ะ

______

3) วันนี้ เรา ไป ดื่ม กาแฟ กัน ดีไหม ครับ/คะ

______

3. 다음 문장을 태국어로 써 봅시다.

1) 오늘 영화를 같이 보러 가면 어떨까요?

______

2) 오늘 날씨가 안 좋아요.

______

정답

1. 1) 날씨가 좋다　2) อากาศ ไม่ดี　3) 강한 햇살　4) อากาศ สดชื่น　5) 날씨가 맑다　6) ท้องฟ้าปลอดโปร่ง
2. 1) 오늘 날씨가 좋아요.　2) 오늘 구름이 많아요.　3) 오늘 커피를 함께 마시면 어떨까요?
3. 1) วันนี้ ไป ดู หนัง กัน ดีไหม　2) วันนี้ อากาศ ไม่ดี ครับ/ค่ะ

Part 27

อารมณ์ 1 아-롬 능
감정 1

단어 익히기

เศร้า 싸오 슬프다, 우울해하다

โกรธ 끄롯- 화를 내다

อารมณ์ / ความรู้สึก 아-롬 / 쾀-루-쓱 감정					
อารมณ์	아-롬	기분	รู้สึก	루-쓱	느끼다
เสียใจ	씨야-짜이	슬프다, 후회하다	เบื่อ	브아-	지루하다
เหนื่อย	느아이-	피곤하다	ผิดหวัง	핏왕	실망하다
รู้สึกผิด	루-쓱핏	미안하다	ไม่ชอบ	마이첩-	싫어하다, 싫다
เกลียด	끄리얏-	미워하다	ไม่สนุก	마이싸눅	재미없다
สงสัย	쏭싸이	의심하다	กังวล	깡온	걱정하다
รำคาญ	람칸-	귀찮다, 짜증나다	อิจฉา	잇차-	부럽다
สำนึกผิด	쌈늑핏	뉘우치다, 잘못을 깨닫다	เครียด	크리얏-	스트레스
กลัว	끄루어-	무섭다	กดดัน	꼿단	압박하다
เหงา	응아오	외롭다	สับสน	쌉쏜	당황하다
ร้องไห้	렁-하이	울다	หัวเราะ	후어-러	웃다
กดดัน	꼿단	압박하다	อึดอัดใจ	읏앗짜이	불쾌하다

기본회화

A ช่วงนี้ เป็นอย่างไรบ้าง ครับ

추엉-니- 뻰양-라이방- 크랍

요즘에 어때요?

B ช่วงนี้ รู้สึก เครียด นิดหน่อย ค่ะ

추엉-니- 루-쓱 크리얏- 닛너이- 카

요즘에 저는 스트레스가 좀 있어요.

เพราะว่า ฉัน ต้อง อ่านหนังสือ เพื่อ

프러와- 찬 떵- 안-낭쓰- 프아-

สอบ ค่ะ

썹- 카

왜냐하면 시험을 위해 책을 읽어야 해요.

A จะ สอบ เมื่อไร ครับ

짜 썹- 므아-라이 크랍

언제 시험 볼 거예요?

B จะ สอบ สัปดาห์หน้า ค่ะ

짜 썹- 쌉다-나- 카

다음 주에 시험 볼 거예요.

A คุณ ทำ ได้ แน่นอน ครับ สู้ๆ นะ ครับ

쿤 탐 다이 내-넌- 크랍 쑤-쑤- 나 크랍

당신은 당연히 할 수 있어요. 파이팅 하세요.

B ขอบคุณ ค่ะ ฉัน จะ ทำให้ดีที่สุด ค่ะ

컵-쿤 카 찬 짜 탐하이디-티-쑷 카

고마워요. 최선을 다할게요.

단어

ช่วงนี้[추엉-니-]
요즘

เป็นอย่างไรบ้าง
[뻰양-라이방-]
어때요?(의문사)

เครียด[크리얏-]
스트레스

เพราะว่า[프러와-]
왜냐하면

ต้อง[떵-]
해야 한다

หนังสือ[낭쓰-]
책

อ่าน[안-]
읽다

เพื่อ[프아-]
위하여

สอบ[썹-]
시험 보다

เมื่อไร[므아-라이]
언제

แน่นอน[내-넌-]
당연히

สู้ๆ[쑤-쑤-]
파이팅

ทำ(ให้)ดีที่สุด
[탐(하이)디-티-쑷]
최선을 다하다

Part 27 감정 1 149

문법해설

ต้อง[떵–] ~해야 한다, ~해야 된다, ~해야겠다

ต้อง[떵–]은 '~해야 한다, ~해야 된다, ~해야겠다'는 의미의 조동사입니다. 부정문을 만들 경우에는 ต้อง[떵–] 앞에 ไม่[마이]를 놓으면 됩니다.

주어 + ต้อง[떵–] + 동사/형용사

คุณ ต้อง กินยา ครับ 당신은 약을 먹어야 해요.
쿤 떵– 낀야– 크랍

ผม ต้อง ทำงาน พรุ่งนี้ ครับ 내일 저는 일을 해야겠어요.
폼 떵– 탐응안– 프룽니– 크랍

ฉัน ต้อง ขยัน เรียนหนังสือ ค่ะ 저는 열심히 공부해야 해요.
찬 떵– 카얀 리얀–낭쓰– 카

ฉัน ต้อง ทำ การบ้าน ให้เสร็จ วันนี้ ค่ะ 오늘 저는 숙제를 끝내야 돼요.
찬 떵– 탐 깐–반– 하이쎗 완니– 카

ยา[야–] 약
ขยัน[카얀] 열심히 ~하다
ทำให้เสร็จ[탐하이쎗] 끝내다

문형 익히기

คุณ ต้อง ทำงาน ให้เสร็จ ครับ/ค่ะ 당신은 일을 끝내야 해요.
쿤 떵 탐응안– 하이쎗 크랍/카

1. ถึง วันนี้ [틍 완니–] 오늘까지 도착하다
2. สอบ [썹–] 시험을 보다
3. ไป โรงพยาบาล [빠이 롱–파야–반–] 병원에 가다

1. 다음 빈칸에 태국어나 우리말을 써 봅시다.

1) เศร้า ______

2) ______ 피곤하다

3) เครียด ______

4) ______ 무섭다

5) ไม่ชอบ ______

6) ______ 화를 내다

2. 다음 태국어를 읽고 우리말로 해석해 봅시다.

1) ฉัน รู้สึก เศร้า ค่ะ

______

2) ผม รู้สึก ผิดหวัง ครับ

______

3) ฉัน จะ ทำให้ดีที่สุด ค่ะ

______

3. 다음 문장을 태국어로 써 봅시다.

1) 저는 책을 읽어야 해요.

______

2) 저는 일을 해야 돼요.

______

Part 28

อารมณ์ 2 아-롬 썽-

감정 2

단어 익히기

มีความสุข 미-콤-쑥 행복하다

ประหลาดใจ 쁘라랏-짜이 놀랍다

ดีใจ 디-짜이	기쁘다	ชอบ 첩-	좋아하다
ประทับใจ 쁘라탑짜이	인상받다	ซาบซึ้งใจ 쌉-씅짜이	감동하다
ร่าเริง 라-르ㅓㅇ-	즐겁다	ปีติยินดี 삐띠y인디-	환희하다
ภูมิใจ 품-짜이	자랑스럽다	พึงพอใจ 픙퍼-짜이	만족하다
สบาย 싸바이-	편하다	มีสันติสุข 미-싼띠쑥	평화
มั่นใจ 만짜이	자신 있다	ไม่สบาย 마이싸바이	불편하다
ประหม่า 쁘라마-	긴장하다	เชื่อมั่น 츠아-만	자신을 갖다
อาย 아이-	부끄럽다	สนุกสนาน 싸눅싸난-	재미있다
รัก 락	사랑하다	เหนื่อย 느아이-	피곤하다
สวย 쑤어이-	예쁘다, 아름답다	น่ารัก 나-락	귀엽다
มีเสน่ห์ 미-싸네	매력적이다	โชคร้าย 촉-라이-	불행하다

기본회화

A **เมื่อวาน คุณ ทำ อะไร คะ**
므아–완– 쿤 탐 아라이 카
어제 뭐 했어요?

B **เมื่อวาน ผม ไป ดู หนัง กับ คุณแม่ ครับ**
므아–완– 폼 빠이 두– 낭 깝 쿤매– 크랍
어제 어머니와 영화를 보러 갔어요.

A **หนัง เป็น อย่างไรบ้าง คะ**
낭 뻰 양–라이방– 카
영화가 어땠어요?

B **ผม ประทับใจ มาก ครับ**
폼 쁘라탑짜이 막– 크랍
저는 너무 인상 깊었어요.

A **แล้ว คุณแม่ ล่ะ คะ**
래우– 쿤매– 라 카
어머니는요?

B **ดู เหมือนว่า คุณแม่ ก็ รู้สึก สนุกสนาน ครับ**
두– 므안–와– 쿤매– 꺼– 루–쓱 싸눅싸난 크랍
어머니도 재미있어하시는 것 같았어요.

단어

เมื่อวาน[므아–완–]
어제

ไป ดู[빠이 두–]
보러 가다

หนัง[낭]
영화

กับ[깝]
과/와, 랑(이랑)

คุณแม่[쿤매–]
어머니

อย่างไรบ้าง
[양–라이방–]
어떠하다

ประทับใจ
[쁘라탑짜이]
인상 깊다

เหมือนว่า
[므안–와–]
~한 것 같다

เหมือน[므안–]
닮다, 같다

ว่า[와–]
~라고, 칭하다

รู้สึก[루–쓱]
느끼다

สนุกสนาน
[싸눅싸난]
재미있다

Part 28 감정 2 153

문법해설

ดูเหมือน(ว่า)[두-므안-(와-)]+주어+동사/형용사 = ~한 것 같다

ดูเหมือน(ว่า)[두-므안-(와-)]는 문장 앞에 놓여 '마치 ~인 것 같다'라는 뜻으로 쓰입니다.

ดูเหมือนว่า พรุ่งนี้ จะ หนาว　내일 추울 것 같아요.
두-므안-와- 프룽니- 짜 나우-

ดูเหมือนว่า คุณ ยุ่ง มาก　당신은 바쁜 것 같아요.
두-므안-와- 쿤 융 막-

ดูเหมือนว่า เขา มี ความสุข มาก　그는 너무 행복한 것 같아요.
두-므안-와- 카오 미- 쾀-쑥 막-

ดูเหมือนว่า เธอ แต่งงาน แล้ว　그녀는 결혼한 것 같아요.
두-므안-와- 트ㅓ- 땡-응안- 래우-

문형 익히기

ดูเหมือนว่า เขา <u>เหนื่อย</u> ค่ะ/ครับ　그는 <u>피곤한</u> 것 같아요.
두-므안-와- 카오 느아이- 카/크랍

1. ชอบ [첩-] 좋아하다
2. ซาบซึ้งใจ [쌉-씅-짜이] 감동하다
3. ประหม่า [쁘라마-] 긴장하다

154 혼자 배우는 태국어첫걸음

확인문제

1. 다음 빈칸에 태국어나 우리말을 써 봅시다.

1) มีความสุข [   ]   2) [   ] 재미있다

3) ประทับใจ [   ]   4) [   ] 기쁘다

5) พึงพอใจ [   ]   6) [   ] 감동하다

2. 다음 태국어를 읽고 우리말로 해석해 봅시다.

1) ฉัน รู้สึก ดีใจ ค่ะ

_____

2) ผม รู้สึก ประทับใจ

_____

3) ดูเหมือนว่า คุณ มี ความสุข มาก

_____

3. 다음 문장을 태국어로 써 봅시다.

1) 그는 재미있어하는 것 같아요.

_____

2) 당신은 만족한 것 같아요.

_____

정답

1. 1) 행복하다   2) สนุกสนาน   3) 인상받다   4) ดีใจ   5) 만족하다   6) ซาบซึ้งใจ

2. 1) 나는 기뻐요.   2) 나는 인상 깊었어요.   3) 당신은 너무 행복한 것 같아요

3. 1) ดูเหมือนว่า เขา รู้สึก สนุกสนาน ครับ/ค่ะ   2) ดูเหมือนว่า คุณ รู้สึก พึงพอใจ ครับ/ค่ะ

문법 보충

● ~เป็นอย่างไรบ้าง ครับ/คะ[뻰양-라이방- 크랍/카] 어때요?, 어땠어요?

상대방에게 무언가가 어땠는지에 대해 물어보고 싶을 때는 '명사' 혹은 '동사+목적어' 다음에 เป็นอย่างไรบ้าง ครับ/คะ[뻰양-라이방- 크랍/카]를 붙이면 됩니다.

> **명사+~เป็นอย่างไรบ้าง ครับ/คะ**
> **동사+(명사)목적어 + ~เป็นอย่างไรบ้าง ครับ/คะ**

เรียน ภาษาไทย เป็นอย่างไรบ้าง ครับ/คะ
리얀- 파-싸-타이 뻰양-라이방- 크랍/카
태국어 공부는 어때요?

ไปเที่ยว ประเทศไทย เป็นอย่างไรบ้าง ครับ/คะ
빠이티야우- 쁘라텟-타이 뻰양-라이방- 크랍/카
태국 여행은 어땠어요?

อาหารไทย เป็นอย่างไรบ้าง ครับ/คะ
아-한-타이 뻰양-라이방- 크랍/카
태국 음식은 어땠어요?

คุณ เป็นอย่างไรบ้าง คะ
쿤 뻰양-라이방- 카
당신은 어땠어요?

อากาศ เป็นอย่างไรบ้าง คะ
아-깟- 뻰양-라이방 카
날씨가 어때요?

태국
속으로

태국 국기

태국 국기는 태국어로 '세 가지 색의 국기'라는 뜻의 'ธงไตรรงค์[통뜨라이롱]'이라고 부릅니다. 'ธง[통]'은 국기를 의미하고, 'ไตร[뜨라이]'는 3, 'รงค์[롱]'은 색을 의미합니다. 태국 국기는 빨간색, 흰색, 파란색이 5열로 이루어진 3색이며, 이중 파란색은 가운데에 위치해 있으며 가장 큰 부분을 차지합니다. 파란색 다음으로는 흰색, 그리고 빨간색이 위 아래로 위치해 있습니다.

파란색의 의미는 국왕, 흰색은 종교(순결함), 그리고 빨간색은 국가를 의미합니다. 태국 국기는 라마 6세가 디자인하였으며 1917년 9월 28일부터 사용되었습니다.

Part 29

คำคุณศัพท์ 캄쿤나쌉
형용사

단어 익히기

เยอะ y으ㅓ 많다　　น้อย 너이- 적다　　ใหญ่ 야이 크다　　เล็ก 렉 작다

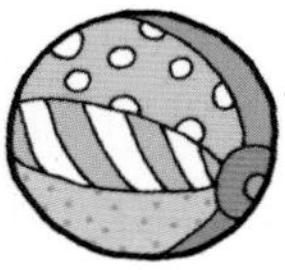

เตี้ย	띠아-	키가 작다	สูง	쑹-	키가 크다	ใกล้	끄라이	가깝다	ไกล	끄라이	멀다
ยาก	약-	어렵다	ง่าย	응아이-	쉽다	เปียก	삐약-	젖다	แห้ง	행-	마르다
ร้อน	런-	뜨겁다	เย็น	옌	차갑다	แข็ง	캥	딱딱하다	อ่อน	언-	부드럽다
แคบ	캡-	좁다	กว้าง	광-	넓다	หนา	나-	두껍다	บาง	방-	얇다
มืด	믓-	어둡다	สว่าง	싸왕-	밝다	ขม	콤	쓰다	หวาน	완-	달다
สกปรก	쏙까쁘록	더럽다	สะอาด	싸앗-	깨끗하다	ไม่อร่อย	마이아러이-	맛없다	อร่อย	아러이-	맛있다
เร็ว	레우	빠르다	ช้า	차-	느리다	หนัก	낙	무겁다	เบา	바오	가볍다
โง่	응오-	멍청하다	ฉลาด	차랏-	똑똑하다	ไม่ดี	마이디-	나쁘다	ดี	디-	좋다
ถูก	툭-	싸다	แพง	팽-	비싸다	ยุ่ง	융	바쁘다	ว่าง	왕-	한가하다
จน	쫀	가난하다	รวย	루어이-	부유하다	สั้น	싼	짧다	ยาว	야우-	길다
เค็ม	켐	짜다	จืด	쯧-	싱겁다	เก่า	까오	오래 되다	ใหม่	마이	새롭다
เผ็ด	펫	맵다				เปรี้ยว	쁘리야우-	시다			

기본회화

Q **วันนี้ สอบ เป็นอย่างไรบ้าง ครับ**
완니– 썹– 뻰양라이방– 크랍
오늘 시험 어땠어요?

A **ยาก มาก ค่ะ**
약– 막– 카
너무 어려워요.

Q **กระเป๋า สวย จัง ครับ**
끄라빠오 쑤어이– 짱 크랍
가방이 너무 예뻐요.

A **กระเป๋า สวย แต่ แพง ค่ะ**
끄라빠오 쑤어이– 때– 팽– 카
가방은 예쁘지만 비싸요.

Q **ร้านอาหาร นั้น เป็นอย่างไรบ้าง ครับ**
란–아–한– 난 뻰양–라이방– 크랍
그 식당은 어땠어요?

A **อาหาร อร่อย และ สะอาด ค่ะ**
아–한– 아러이– 래 싸앗– 카
음식이 맛있고 깨끗해요.

단어

วันนี้[완니–]
오늘

สอบ[썹–]
시험

ยาก[약–]
어렵다

มาก[막–]
너무, 매우

กระเป๋า[끄라빠오]
가방

แต่[때–]
하지만, 그렇지만

แพง[팽–]
비싸다

ร้านอาหาร
[란–아–한–]
식당

อาหาร[아–한–]
음식, 식사

อร่อย[아러이–]
맛있다

และ[래]
그리고, ~고

สะอาด[싸앗–]
깨끗하다

1. 주어 + 형용사 + ค่ะ/ครับ

태국어는 형용사의 어형 변화가 없으며 어순에 따라 결정되는 특징이 있습니다.

ห้อง แคบ   방이 좁다.
헝– 캡–

เขา ฉลาด   그는 똑똑하다.
카오 차랏–

อาหารไทย เผ็ด   태국 음식은 맵다.
아–한–타이 펫

2. 접속사 และ[래] = 그리고, ~하고

และ[래]는 '그리고, ~하고'라는 뜻의 접속사로, 두 개 이상의 단어를 나열할 때 마지막 단어 앞에 붙입니다.

กระเป๋า สวย และ ดี   가방이 예쁘고 좋다.
끄라빠오 쑤어이– 래 디–

ห้อง กว้าง และ สะอาด   방이 넓고 깨끗하다.
헝– 쾅– 래 싸앗–

3. 접속사 แต่[때–] = 하지만, 그렇지만, 그런데

อาหาร อร่อย แต่ ราคา แพง   음식은 맛있지만 가격이 비싸다.
아–한– 아러이– 때– 라–카– 팽–

นาฬิกา ถูก แต่ ไม่ดี   시계가 싸지만 안 좋다.
나–리까– 툭 때– 마이디–

확인문제

1. 다음 빈칸에 태국어나 우리말을 써 봅시다.

1) ง่าย ______ 2) 어렵다 ______

3) ใหญ่ ______ 4) 작다 ______

5) แพง ______ 6) 싸다 ______

2. 다음 태국어를 읽고 우리말로 해석해 봅시다.

1) อาหาร เผ็ด แต่ อร่อย

______

2) กระเป๋า ถูก และ ดี

______

3) ห้อง สวย และ กว้าง

______

3. 다음 단어를 이용하여 태국어 문장을 만들어 봅시다.

1) 집은 작지만 깨끗하다.

______

2) 음식은 비싸고 맛없다.

______

정답

1. 1) 쉽다 2) ยาก 3) 크다 4) เล็ก 5) 비싸다 6) ถูก
2. 1) 음식은 맵지만 맛있다. 2) 가방은 싸고 좋다. 3) 방은 예쁘고 넓다.
3. 1) บ้าน เล็ก แต่ สะอาด 2) อาหาร แพง และ ไม่อร่อย

Part 30 ซื้อของ ˉˉ쓰ー컹ー
물건 사기

단어 익히기

ร้านค้า 란ー카́ー 가게   ขาย 카́이ー 팔다   ซื้อ 쓰́ー 사다

ซื้อของ 쓰́ー컹ー 물건 사기	
ราคาพิเศษ 라ー카ー피ー쎘ー	특별가
ลดราคา 롯라́ー카ー	할인하다
ราคาปกติ 라ー카ー뽁까띠	시세
คืนเงิน / คืนสินค้า 크ー응ə́ㄴ / 크ー씬카́ー	환불하다
เปลี่ยนสินค้า 쁘리얀ー씬카́ー	교환하다
พนักงานขาย 파낙응안ー카́이ー	판매원, 점원
ภาษี 파ー씨́ー	세금
ใบเสร็จรับเงิน 바이쎗́랍응ə́ㄴ	영수증
ราคา 라ー카ー	가격
บาร์โค้ด 바ー콧́ー	바코드
ยอดสุทธิ 엇ー쑷́티	총액
สินค้า 씬카́ー	상품
บัตรลดราคา 밧롯́라́ー카ー	할인권

기본회화

A **ให้ ฉัน ช่วย ไหม ครับ**
하이 찬 추어이– 마이 크랍
도와드릴까요?

B **สัปดาห์ ที่ แล้ว ฉัน ซื้อ สินค้า นี้ แต่**
쌉다– 티– 래우– 찬 쓰– 씬카– 니– 때
ฉัน อยาก คืนสินค้า ค่ะ
찬 약– 큰–씬카– 카
지난주에 이 상품을 샀는데 환불하고 싶어요.

A **มี ใบเสร็จรับเงิน ไหม ครับ**
미– 바이쎗랍응으ㅓㄴ 마이 크랍
영수증 있나요?

B **มี ค่ะ**
미– 카
있어요.

A **ขอ โทษ จริงๆ ครับ**
커– 톳– 찡찡 크랍
정말 죄송합니다.
สินค้า นี้ ไม่สามารถ คืนเงิน ได้ ครับ
씬카– 니– 마이싸–맛– 큰–응으ㅓㄴ 다이 크랍
이 상품은 환불할 수 없습니다.
แต่ คุณ สามารถ เปลี่ยนสินค้า ได้ ครับ
때– 쿤 싸–맛– 쁘리얀–씬카– 다이 크랍
하지만 교환할 수는 있습니다.

B **ขอบคุณ มาก จริงๆ ค่ะ**
컵–쿤 막– 찡찡 카
정말 고맙습니다.

단어

ช่วย[추어이–]
돕다

สัปดาห์[쌉다–]
지난주

สินค้า[씬카–]
상품

ใบเสร็จรับเงิน
[바이쎗랍응으ㅓㄴ]
영수증

จริงๆ[찡찡]
정말

คืนเงิน[큰–응으ㅓㄴ]
환불하다

สามารถ[싸–맛–]
~할 수 있다

เปลี่ยนสินค้า
[쁘리얀–씬카–]
교환하다

เปลี่ยน[쁘리얀–]
바꾸다

문법해설

สามารถ...ได้[싸-맛-···다이] / **ไม่สามารถ...ได้**[마이 싸-맛-···다이]

~할 수 있다/~할 수 없다, 못하다

가능을 나타내는 **สามารถ...ได้**[싸-맛-···다이]와 불가능을 나타내는 **ไม่สามารถ...ได้**[마이싸-맛-···다이]는 문어체로 공식적인 자리에서 많이 사용합니다.

1. สามารถ...ได้[싸-맛-···다이] ~할 수 있다(가능)

(주어)+สามารถ[싸-맛-]+동사+ได้[다이]

คุณ สามารถ **คืนสินค้า** ได้ 당신은 환불할 수 있다.
쿤 싸-맛- 큰-씬카- 다이

สามารถ **ลดราคา** ได้ 할인할 수 있다.
싸-맛- 롯라-카- 다이

เขา สามารถ **พูด ภาษาอังกฤษ** ได้ 그는 영어를 말할 수 있다.
카오 싸-맛- 풋- 파-싸-앙끄릿 다이

2. ไม่สามารถ...ได้[마이싸-맛-···다이] ~할 수 없다, 못하다(불가능)

(주어)+ไม่สามารถ[마이싸-맛-]+동사+ได้[다이]

คุณ ไม่สามารถ **เปลี่ยนสินค้า** ได้ 당신은 교환할 수 없다.
쿤 마이싸-맛- 쁘리얀-씬카- 다이

ฉัน ไม่สามารถ ไป ได้ 나는 못 간다.
찬 마이싸-맛- 빠이 다이

เขา ไม่สามารถ **ขับรถ** ได้ 그는 운전할 수 없다.
카오 마이싸-맛- 캅롯 다이

확인문제

1. 다음 빈칸에 태국어나 우리말을 써 봅시다.

1) ซื้อ ______　　2) ______ 환불하다

3) สินค้า ______　　4) ______ 교환하다

5) ลดราคา ______　　6) ______ 가게

2. 다음 태국어를 읽고 우리말로 해석해 봅시다.

1) สินค้า นี้ ไม่สามารถ คืนเงิน ได้ ครับ/ค่ะ

______

2) ผม สามารถ ขับรถ ได้ ครับ

______

3) ฉัน สามารถ พูด ภาษาไทย ได้ ค่ะ

______

3. 다음 문장을 태국어로 써 봅시다.

1) 그는 영어를 말할 수 있어요.

______

2) 이 상품은 교환 못합니다.

______

정답

1. 1) 사다　2) คืนเงิน / คืนสินค้า　3) 상품　4) เปลี่ยนสินค้า　5) 할인하다　6) ร้านค้า

2. 1) 이 상품은 환불할 수 없습니다.　2) 저는 운전할 수 있어요.　3) 저는 태국어를 말할 수 있어요.

3. 1) เขา สามารถ พูด ภาษาอังกฤษ ได้ ครับ/ค่ะ　2) สินค้า นี้ ไม่สามารถ เปลี่ยนสินค้า ได้ ครับ/ค่ะ

Part 31

ทิศทาง 팃탕–
방향

단어 익히기

ทิศเหนือ 팃느아– 북쪽

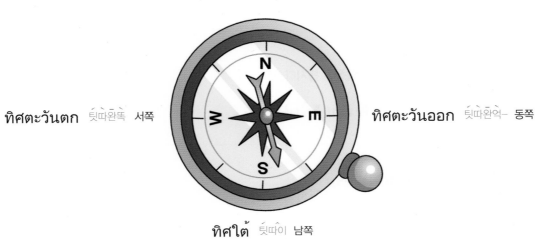

ทิศตะวันตก 팃따완똑 서쪽

ทิศตะวันออก 팃따완억– 동쪽

ทิศใต้ 팃따이 남쪽

ทิศทาง 팃탕– 방향			
บน 본	위	ล่าง 랑–	아래
(ข้าง)หน้า (캉–)나–	앞	(ข้าง)หลัง (캉–)랑	뒤
ข้าง / ข้างๆ 캉– / 캉–캉–	옆	(ข้าง)ใน (캉–)나이	안
(ข้าง)นอก (캉–)넉–	밖	ระหว่าง 라왕–	사이
ข้างซ้าย / ด้านซ้าย 캉–싸이– / 단–싸이–	왼쪽	ข้างขวา / ด้านขวา 캉–콰– / 단–콰–	오른쪽
ตรงไป 뜨롱빠이	똑바로 가다	กลับ 끄랍	돌아가다
ไปทางซ้าย 빠이탕–싸이–	왼쪽으로 가다	ไปทางขวา 빠이탕–콰–	오른쪽으로 가다
เลี้ยวซ้าย 리아우–싸이	좌회전	เลี้ยวขวา 리아우–콰–	우회전
ตรงข้าม 뜨롱캄–	맞은편	มุม 뭄	모퉁이, 각, 구석

기본회화

A **ผม อยาก ซื้อ หนังสือ ผม สามารถ ซื้อ ได้ ที่ไหน ครับ**
폼 약- 쓰- 낭쓰- 폼 싸-맛- 쓰- 다이 티-나이 크랍
저는 책을 사고 싶어요. 어디에서 살 수 있나요?

B **มี ขาย ที่ ร้านหนังสือ XYZ เท่านั้น ค่ะ**
미- 카이- 티- 란-낭쓰- XYZ 타오난 카
XYZ 서점에서만 팔아요.

A **ร้านหนังสือ อยู่ ไกล จาก ที่นี่ ไหม ครับ**
란-낭쓰- 유- 끄라이 짝- 티-니- 마이 크랍
서점은 여기서 먼가요?

B **ไม่ ไกล ค่ะ สามารถ เดิน ไป ได้ ค่ะ**
마이 끄라이 카 싸-맛- 드ㅓㄴ- 빠이 다이 카
안 멀어요. 걸어갈 수 있어요.

เลี้ยวขวา และ เดิน ตรงไป 300 เมตร
리야우-콰- 래 드ㅓㄴ- 뜨롱빠이 쌈-러이- 멧-
우회전해서 300미터 똑바로 가면

ร้านหนังสือ อยู่ ด้านขวา ค่ะ
란-낭쓰- 유- 단-콰- 카
서점은 오른쪽에 있어요.

A **ขอบคุณ มากๆ ครับ**
컵-쿤 막-막- 크랍
감사합니다.

단어

- **หนังสือ**[낭쓰-] 책
- **ซื้อ**[쓰-] 사다
- **ร้านหนังสือ**[란-낭쓰-] 서점
- **เท่านั้น**[타오난] ~만
- **อยู่**[유-] 있다
- **ไกล**[끄라이] 멀다
- **เดิน**[드ㅓㄴ-] 걷다
- **เลี้ยวขวา**[리야우-콰-] 우회전
- **ตรงไป**[뜨롱빠이] 똑바로 가다
- **เมตร**[멧-] 미터
- **ด้านขวา**[단-콰-] 오른쪽

문법해설

'위치' 문법

อยู่[유–]가 동사로 쓰일 경우에는 '~에 ~이 있다'라는 의미의 위치를 나타내는 동사문이 됩니다. 보통 주어가 장소가 아닐 경우에 쓰이며, 어순은 '주어 + **อยู่(ที่)**[유–(티–)] + 위치 단어 + 명사' 형태입니다.

주어 + อยู่(ที่)[유–(티–)] + 위치 단어 + 명사

หนังสือ อยู่ ใน **กระเป๋า** 책은 가방 안에 있다.
낭쓰– 유– 나이 끄라빠오

ดินสอ อยู่ บน **โต๊ะ** 연필은 책상 위에 있다.
딘써– 유– 본 또

ร้านขายยา อยู่ ด้านซ้าย 약국은 왼쪽에 있다.
란–카이–야– 유– 단–싸이–

พ่อ อยู่ ข้างนอก 아빠가 밖에 있어요.
퍼– 유– 캉–넉–

ผม อยู่ ข้างๆ **คุณ เสมอ** 저는 당신 옆에 항상 있어요.
폼 유– 캉–캉– 쿤 싸므ㅓ–

> **ดินสอ**[딘써–] 연필
> **ร้านขายยา**[란–카이–야–] 약국
> **เสมอ**[싸므ㅓ–] 항상, 언제나

문형 익히기

กระเป๋า อยู่ <u>บน</u> โต๊ะ 가방은 책상 <u>위에</u> 있다.
끄라빠오 유– 본 또

1. **ใต้** [따이] 아래에
2. **ด้านซ้าย** [단–싸이–] 왼쪽에
3. **ด้านขวา** [단–콰–] 오른쪽에

확인문제

1. 다음 빈칸에 태국어나 우리말을 써 봅시다.

1) **บน**	______	2) ______	안
3) **ล่าง**	______	4) ______	밖
5) **ด้านซ้าย**	______	6) ______	오른쪽

2. 다음 태국어를 읽고 우리말로 해석해 봅시다.

1) **เลี้ยวซ้าย และ ตรงไป ครับ/ค่ะ**

____

2) **ร้านหนังสือ อยู่ ตรงข้าม ร้านขายยา ครับ/ค่ะ**

____

3) **บ้าน ของผม อยู่ ทิศใต้ ครับ**

____

3. 다음 문장을 태국어로 써 봅시다.

1) 나는 밖에 있어요.

____

2) 책은 가방 옆에 있어요.

____

정답

1. 1) 위 2) (ข้าง)ใน 3) 아래 4) (ข้าง)นอก 5) 왼쪽 6) ข้างขวา / ด้านขวา
2. 1) 좌회전해서 똑바로 가요. 2) 서점은 약국 맞은편에 있어요. 3) 저의 집은 남쪽에 있어요.
3. 1) ผม อยู่ ข้างนอก ครับ/ค่ะ 2) หนังสือ อยู่ ข้าง กระเป๋า ครับ/ค่ะ

Part 32

สี 씨–
색깔

단어 익히기

สีแดง 씨–댕– 빨간색

สีน้ำเงิน 씨–남응으ㅓㄴ 파란색

สีเหลือง 씨–르앙– 노란색

สี 씨– 색깔	
สีดำ 씨–담	검은색
สีม่วง 씨–무엉–	보라색
สีฟ้า 씨–FㅏF–	하늘색
สีเขียว 씨–키야우–	초록색
สีเขียวอ่อน 씨–키야우–언–	연녹색
สีส้ม 씨–쏨	주황색
สีชมพู 씨–촘푸–	분홍색
สีขาว 씨–카우–	흰색
สีน้ำตาล 씨–남딴–	갈색
สีเทา 씨–타오–	회색
สีกากี 씨–까–끼–	카키색

기본회화

A **กระโปรง สีเทา ของ คุณ สวย จัง ครับ**
끄라쁘롱– 씨–타오 컹– 쿤 쑤어이– 짱 크랍
당신의 회색 치마가 너무 예뻐요.

B **ขอบคุณ ค่ะ ตอนนี้ ที่ ห้างสรรพสินค้า ลดราคา ด้วย ค่ะ**
컵–쿤 카 떤–니– 티– 항–쌉파씬카– 롯라–카– 두어이– 카
고마워요. 지금도 백화점에서 할인해요.

A **ดี จัง ครับ ผม อยากได้ กระโปรง แบบ นี้ ให้ น้องสาว**
디– 짱 크랍 폼 약–다이 끄라쁘롱– 뱁– 니– 하이 넝–싸우–
너무 좋아요. 저는 여동생에게 이런 치마를 주기 원해요.

B **มี เสื้อ และ กระโปรง สวยๆ เยอะ มากๆ ค่ะ**
미– 쓰아– 래 끄라쁘롱– 쑤어이–쑤어이– yㅇㅓ 막–막– 카
예쁜 옷과 치마가 너무 많아요.

ที่ ไม่ใช่ สีเทา ก็ มี สีอื่น ด้วย ค่ะ
티– 마이차이 씨–타오 꺼– 미– 씨–은– 두어이– 카
회색 말고 다른 색도 있어요.

A **มี กี่ สี ครับ**
미– 끼– 씨– 크랍
몇 가지 색상이 있나요?

B **มี 4 สี ค่ะ สีดำ สีขาว สีเทา และ สีกากี ค่ะ**
미– 씨– 씨– 카 씨–담 씨–카우– 씨–타오– 래 씨–까–끼– 카
네 가지 색상이 있어요. 검은색, 흰색, 회색 그리고 카키색이에요.

단어

กระโปรง [끄라쁘롱–]
치마

สวย[쑤어이–]
예쁘다

จัง[짱]
너무, 매우

ห้างสรรพสินค้า
[항–쌉파씬카–]
백화점

ด้วย[두어이–]
~도, 또한

ลดราคา
[롯라–카–]
할인하다

แบบ นี้[뱁– 니–]
이런 식으로

อยากได้[약–다이]
원하다, 갖고 싶다

ให้[하이]
주다

น้องสาว[넝–싸우–]
여동생

เสื้อ[쓰아–]
옷

เยอะ[yㅇㅓ]
많다

สีอื่น[씨– 은–]
다른 색

문법해설

ที่ไม่ใช่[티-마이차이-] / ไม่ใช่[마이차이-] + 명사 = ~말고

Q: คุณ อยาก ดื่ม อะไร ครับ
쿤 약- 듬- 아라이 크랍
뭐 마시고 싶어요?

A: ที่ไม่ใช่ กาแฟ ฉัน ดื่ม ได้ ทุก อย่าง ค่ะ
티-마이차이- 까-F내 - 찬 듬- 다이 툭 양- 카
커피 말고 저는 모든 것을 마실 수 있어요.

Q: คุณ ชอบ กระโปรง สี อะไร ครับ
쿤 첩- 끄라쁘롱- 씨- 아-라이 크랍
무슨 색깔의 치마를 좋아하세요?

A: ที่ไม่ใช่ สีชมพู ฉัน ชอบ ทุก สี ค่ะ
티-마이차이 씨-촘푸- 찬 첩- 툭 씨- 카
분홍색 말고 저는 모든 색을 좋아해요.

Q: นี่ เป็น ของ คุณ ใช่ไหม ครับ
니- 뻰 컹- 쿤 차이마이 크랍
이것은 당신 거예요?

A: ไม่ใช่ อันนี้ ค่ะ อันนั้น ของ ฉัน ค่ะ
마이차이 안니- 카 안난 컹- 찬 카
이거 말고요. 저게 내 거예요.

> **ทุก อย่าง**[툭 양-] 모든 것
> **อันนี้**[안니-] 이것
> **กีฬา**[끼-라-] 운동, 스포츠

문형 익히기

ที่ไม่ใช่ สีดำ ฉัน/ผม ชอบ ทุก สี
티-마이차이 씨-담 찬/폼 첩- 툭 씨-
검은색 말고 저는 모든 색을 좋아해요.

- 야구 เบสบอล [벳번] 모든 운동 ชอบ ทุก กีฬา [첩- 툭 끼-라-]

1. 다음 빈칸에 태국어나 우리말을 써 봅시다.

1) **สีแดง** ____________ 2) ____________ 노란색

3) **สีดำ** ____________ 4) ____________ 초록색

5) **สีขาว** ____________ 6) ____________ 분홍색

2. 다음 태국어를 읽고 우리말로 해석해 봅시다.

1) **กระโปรง สีฟ้า**

____

2) **เสื้อ สีดำ**

____

3) **บ้าน สีขาว**

____

3. 다음 문장을 태국어로 써 봅시다.

1) 커피 말고 저는 모든 것을 마실 수 있어요.

____

2) 검은색 말고 저는 회색을 원해요.

____

문법 보충

● 태국어 '명사 + 형용사' 사용법

태국어의 어순은 한국어와 반대입니다. 한국어는 '형용사 + 명사'의 순으로 형용사가 명사 앞에 위치하여 명사를 수식하지만, 태국은 반대이기 때문입니다.

태국어는 '명사 + 형용사' 순서입니다. 형용사는 어형 변화를 하지 않는다는 점을 주의해야 합니다.

한국어 어순	태국어 어순
예쁜 회색 치마	**กระโปรง สีเทา สวย** → 치마 회색 예쁜 끄라쁘롱– 씨–타오 쑤어이–
귀여운 분홍색 인형	**ตุ๊กตา สีชมพู น่ารัก** → 인형 분홍색 귀여운 뚝까따– 씨–촘푸– 나–락
깨끗한 흰색 집	**บ้าน สีขาว สะอาด** → 집 흰색 깨끗한 반– 씨–카우– 싸앗
좁은 방	**ห้อง แคบ** → 방 좁은 헝– 캡–
새로운 노란색 가방	**กระเป๋า สีเหลือง ใหม่** → 가방 노란색 새로운 끄라빠오 씨–르앙–
예쁜 여자	**ผู้หญิง สวย** → 여자 예쁜 푸–y잉 쑤어이–

요일별 색 문화

태국인은 요일별로 색(**สีประจำวัน**)이 있다고 믿는 문화가 있습니다.

이는 힌두교에서 유래한 것으로 점성학 원리에 의해 각 요일별로 해당하는 색이 지정되었습니다. 각 요일별 색은 다음과 같습니다.

일요일 – 빨강	월요일 – 노랑	화요일 – 분홍
수요일 – 초록	목요일 – 주황	금요일 – 파랑(하늘)
토요일 – 보라		

그리고 이러한 '믿음'은 태국인이 국왕을 경축하거나 칭송할 때 노란색 옷을 입는 것에서 볼 수 있습니다.

예를 들어, 라마 9세와 10세 모두 노란색에 해당하는 요일인 월요일에 태어났기 때문에 국왕의 생일을 경축할 때에는 노란색 옷을 입습니다. 이후로 이런 믿음은 국왕에 대한 충성심을 나타내는 태국인의 문화와 가치관으로 발전하였습니다.

Part 33

สุขภาพ และ เจ็บป่วย 쑥카팝- 래 쩹뿌어이-

건강과 아픔

단어 익히기

มีไข้ 미-카이 열이 나다

ปวดท้อง 뿌엇-텅- 배가 아프다

ไอ 아이 기침하다

อาการของโรค 아-깐-컹-록- 증상					
ปวดหัว	뿌엇-후어-	머리가 아프다	เวียนหัว	위안-후어-	현기증이 나다
คลื่นไส้	크른-싸이-	속이 메스껍다	ท้องเสีย	텅-씨야-	설사를 하다
เป็นหวัด	뻰왓	감기에 걸리다	อาเจียน	아-찌얀-	토하다
เป็นลม	뻰롬	쓰러지다	น้ำมูกไหล	남묵-라이	콧물 흘리다
เจ็บคอ	쩹커-	목이 아프다	ไมเกรน	마이끄렌	편두통이 있다
บาดเจ็บ	밧-쩹	다치다	ล้ม	롬	넘어지다
ครั่นเนื้อครั่นตัว	크란느아-크란뚜어-	몸살	มีอาการแพ้	미-아-깐-패-	알레르기

โรงพยาบาล 롱-파야-반- 병원					
หมอ	머-	의사	พยาบาล	파야-반-	간호사
รถพยาบาล	롯파야-반-	구급차	คนไข้	콘카이	환자
เภสัชกร	페-싿차껀-	약사	รักษา	락싸-	진료
ห้องฉุกเฉิน	헝-축츠ㅓㄴ-	응급실	สุขภาพดี	쑥카팝-디-	건강하다
เจ็บ	쩹	아프다, 다친 느낌	ปวด	뿌엇-	통증이 있다
ป่วย	뿌어이-	병이 나다, 아프다	ยา	야-	약

기본회화

Q **ไม่สบาย ตรงไหน ครับ**
마이싸바이– 뜨롱나이 크랍
어디가 편치 않으세요?

A1 **ฉัน ไอ มาก ค่ะ**
찬 아이 막– 카
저는 기침이 너무 나요.

Q **ไม่สบาย ตรงไหน อีก ไหม ครับ**
마이싸바이– 뜨롱나이 익– 마이 크랍
또 어디가 아프세요?

A1 **ฉัน ปวดหัว และ เจ็บคอ มาก ค่ะ**
찬 뿌엇–후어– 래 쩹커– 막– 카
저는 머리가 아프고 목도 너무 아파요.

A2 **คอ บวม มาก ครับ**
커– 부엄– 막– 크랍
저는 목이 많이 부었어요.

และ ดู จาก ที่ คุณ มีไข้ เหมือน จะ
래 두– 짝– 티– 쿤 미–카이 므안– 짜

เป็น เป็นหวัด ครับ
뻰 뻰왓 크랍
그리고 열도 나는 거 보니까 감기에 걸린 것 같아요.

단어

ไม่สบาย [마이싸바이–]
편하지 않다

ตรงไหน [뜨롱나이]
어디

ไอ [아이]
기침이 나다

อีก [익–]
다시, 또

ปวดหัว [뿌엇–후어–]
머리가 아프다

หัว [후어–]
머리

เจ็บคอ [쩹커–]
목이 아프다

คอ [커–]
목

บวม [부엄–]
붓다

มีไข้ [미–카이]
열이 나다

เป็นหวัด [뻰왓]
감기에 걸리다

ดูจากที่[두-짝-티-] + 주어 + 형용사/동사 + เหมือน[므안-] + (주어) + จะ[짜]

= ~하는 걸 보니까 …인 것 같다

ดูจากที่ เขา ไม่ มา โรงเรียน เหมือน เขา จะ ป่วย

두-짝-티- 카오 마이 마- 롱-리얀 므안- 카오 짜 뿌어이-

그는 학교에 안 오는 걸 보니까 아픈 것 같다.

ดูจากที่ พ่อ ถึง บ้าน เร็ว เหมือน พ่อ จะ เลิก งาน เร็ว

두-짝-티- 퍼- 틍 반- 레우 므안- 퍼- 짜 르ㅓ- 응안- 레우

아빠가 일찍 집에 도착하는 걸 보니까 일찍 퇴근하신 것 같다.

ดูจากที่ ลูกชาย กิน ข้าว หมด เหมือน แม่ จะ ทำ อาหาร อร่อย

두-짝-티- 룩-차이- 낀 카우- 못 므안- 매- 짜 탐 아-한- 아러이-

아들이 밥을 다 먹는 걸 보니까 엄마가 맛있게 요리하신 것 같다.

เร็ว[레우]	빠르다, 일찍
หมด[못]	다하다, 없어지다

ดูจากที่ เขา ไอ เหมือน เขา จะ เป็นหวัด
두-짝-티- 카오 아이- 므안- 카오 짜 뻰왓
그가 기침하는 걸 보니까 감기에 걸린 것 같다.

1. **เลิกงาน สาย** 늦게 퇴근하다
르ㅓ- 싸이-

งาน ยุ่ง 일이 바쁘다
응안- 융

2. **พัก ที่ บ้าน** 집에서 쉬다
팍 티- 반-

เหนื่อย 몸이 피곤하다
느아이-

178 혼자 배우는 태국어첫걸음

확인문제

1. 다음 빈칸에 태국어나 우리말을 써 봅시다.

1) ปวดหัว [   ] 2) [   ] 기침하다

3) เจ็บคอ [   ] 4) [   ] 의사

5) เป็นหวัด [   ] 6) [   ] 환자

2. 다음 태국어를 읽고 우리말로 해석해 봅시다.

1) ผม เป็นหวัด ครับ

_____

2) ฉัน ปวดหัว ค่ะ

_____

3) น้อง ปวดท้อง ครับ/ค่ะ

_____

3. 다음 문장을 태국어로 써 봅시다.

1) 당신은 열이 나는 걸 보니까 감기에 걸린 것 같아요.

_____

2) 동생이 배가 아픈 걸 보니까 설사를 한 것 같아요.

_____

정답

1. 1) 머리가 아프다 2) ไอ 3) 목이 아프다 4) หมอ 5) 감기에 걸리다 6) คนไข้   2. 1) 저는 감기에 걸렸어요.   2) 저는 머리가 아파요.   3) 동생은 배가 아파요.   3. 1) ดู จาก ที่ คุณ มี ไข้ เหมือน คุณ จะ เป็นหวัด ค่ะ/ครับ   2) ดู จาก ที่ น้อง ปวดท้อง เหมือน น้อง จะ ท้องเสีย ค่ะ/ครับ

Part 34 นิสัย 니싸이

성격

단어 익히기

ใจดี 짜이디- 착하다, 친절하다

เงียบ 응이얍- 조용하다

นิสัย 니싸이 성격					
อ่อนโยน	언-욘-	부드럽다	สุภาพ	쑤팝-	단정하다
ใจกว้าง	짜이꽝-	마음이 넓다	ร่าเริง	라-르ㅓㅇ-	밝다
กระตือรือร้น	끄라뜨-르-론	적극적하다	เฉื่อยชา	츠아이-차-	소극적이다
มีชีวิตชีวา	미-치-윗치-와-	활발하다	ใจเย็น	짜이-옌	차분하다
ใจร้อน	짜이런-	성급하다	อารมณ์ดี	아-롬디-	느긋하다
พิถีพิถัน	피티-피탄	꼼꼼하다	ซุ่มซ่าม	쑴쌈-	덤벙대다
ง่ายๆ	응아이-응아이-	털털하다	ดูสะอาดตา	두-싸앗-따-	깔끔하다
ชอบเข้าสังคม	첩-카오쌍콤	사교적이다	ไม่ชอบเข้าสังคม	마이첩-카오쌍콤	비사교적이다
หัวรั้น / หัวดื้อ	후어-란 / 후어-드-	고집이 세다	นึกถึงแต่ตัวเอง	늑틍때-뚜어-엥-	자기밖에 모르다
เห็นแก่ตัว	헨깨-뚜어-	이기적이다	สง่า	싸응아-	우아하다
ขี้อิจฉา	키-잇차-	암상스럽다	ขี้เกียจ	키-끼얏-	게으르다
ขี้เหนียว	키-니야우	인색하다	เชย	츠ㅓ이-	촌스럽다
น่าเชื่อถือ	나-츠아-트-	믿음이 가다	คนคิดบวก	콘킷부억-	긍정적이다
เข้ากับคนง่าย	카오깝콘응아이-	사람들과 잘 어울리다	ไม่ค่อยแสดงออก	마이커이-싸댕-억-	자기 표현을 잘 안 하다

기본회화

Q **เขา นิสัย เป็นอย่างไร คะ**
카오 니싸이 뻰양-라이 카
그는 성격이 어때요?

A **เขา สุภาพ และ ใจกว้าง ครับ**
카오 쑤팝- 래 짜이광- 크랍
그는 단정하고 마음이 넓어요.

A **เขา เป็น คน แบบไหน คะ**
카오 뻰 콘 뱁-나이 카
그는 어떤 사람이에요?

B **เขา เป็น คน ใจดี ครับ แต่ บางที เขา ใจร้อน ครับ**
카오 뻰 콘 짜이디- 크랍 때- 방-티- 카오 짜이런- 크랍
그는 착해요. 그런데 가끔은 성격이 급해요.

A **อย่างนั้น หรือ คะ**
양-난 르- 카
그래요?

B **ถึงแม้ว่า เขา ใจร้อน แต่ เขา ก็ อารมณ์ดี เสมอ ครับ**
틍매-와- 카오 짜이런- 때- 카오 꺼- 아-롬디- 싸므ㅓ- 크랍
그는 성격이 급해도 항상 느긋해요.

단어

นิสัย[니싸이]
성격

เป็นอย่างไร
[뻰양-라이]
어떠하다

สุภาพ[쑤팝-]
단정하다

ใจกว้าง[짜이광-]
마음이 넓다

ใจ[짜이]
마음

แบบไหน[뱁-나이]
어떤

ใจดี[짜이디-]
착하다

บางที[방-티-]
가끔

ใจร้อน[짜이런-]
급하다

อย่างนั้น[양-난]
그런, 그렇게

อารมณ์ดี[아-롬디-]
느긋하다

เสมอ[싸므ㅓ-]
항상

문법해설

ถึงแม้ว่า[틍매-와-]+주어+동사/형용사+**แต่**[때-]+주어+**ก็**[꺼-]+동사/형용사+목적어

1 2

= ~일지라도 …하다

ถึงแม้ว่า[틍매-와-]는 '비록 ~일지라도'라는 뜻의 양보절을 만드는 접속사로, **ถึงแม้ว่า**[틍매-와-]와 **แต่**[때-]는 짝으로 함께 자주 쓰입니다.

ถึงแม้ว่า เธอ ไม่สวย แต่ เธอ ก็ อ่อนโยน
틍매-와- 트ㅓ- 마이쑤어이- 때- 트ㅓ- 꺼- 언-욘-
그녀는 안 예뻐도 성격이 부드럽다.

ถึงแม้ว่า เขา ซุ่มซ่าม แต่ เขา ก็ น่าเชื่อถือ
틍매-와- 카오 쑴쌈- 때-카오 꺼- 나-츠아-트-
그녀는 덤벙대도 믿을 수 있다.

ถึงแม้ว่า คุณ ใจดี แต่ เขา ก็ ไม่รัก คุณ
틍매-와- 쿤 짜이디- 때- 카오 꺼- 마이락 쿤
당신이 착해도 그 사람은 당신을 사랑하지 않는다.

문형 익히기

ถึงแม้ว่า เธอ หัวดื้อ แต่ เธอ ก็ ใจกว้าง
틍매-와- 트ㅓ- 후어-드- 때- 트ㅓ- 꺼- 짜이-꽝-

그녀는 고집이 셀지라도 마음이 넓다.

- **เฉื่อยชา** 소극적이다
  츠아이-차-
- **มีชีวิตชีวา** 활발하다
  미-치-윗치-와-

확인문제

1. 다음 빈칸에 태국어나 우리말을 써 봅시다.

1) ใจดี ________ 2) ________ 느긋하다

3) ใจร้อน ________ 4) ________ 부드럽다

5) สุภาพ ________ 6) ________ 마음이 넓다

2. 다음 태국어를 읽고 우리말로 해석해 봅시다.

1) เขา ใจดี และ น่าเชื่อถือ ค่ะ/ครับ

____

2) เธอ อ่อนโยน และ สุภาพ ค่ะ/ครับ

____

3) ถึงแม้ว่า เขา ใจร้อน แต่ เขา ก็ ใจกว้าง ค่ะ/ครับ

____

3. 다음 문장을 태국어로 써 봅시다.

1) 그녀는 안 예뻐도 성격이 부드러워요.

____

2) 그는 고집이 세도 친절해요.

____

정답

1\. 1) 착하다/친절하다 2) อารมณ์ดี 3) 성급하다 4) อ่อนโยน 5) 단정하다 6) ใจกว้าง

2\. 1) 그는 착하고 믿음이 가요. 2) 그녀는 부드럽고 단정해요. 3) 그는 성격이 급해도 마음이 넓어요.

3\. 1) ถึงแม้ว่า เธอ ไม่สวย แต่ เธอ ก็ อ่อนโยน ค่ะ/ครับ 2) ถึงแม้ว่า เขา หัวดื้อ แต่ เขา ก็ ใจดี ค่ะ/ครับ

Part 35

ทรงผม 쏭폼
머리 모양

단어 익히기

ผมยาว 폼야우– 긴 머리

ผมสั้น 폼싼 짧은 머리

ผมหยักศก 폼약쏙 곱슬머리

ทรงผม 쏭폼 머리 모양(헤어 스타일)					
ผมยาวประบ่า	폼야우–쁘라바–	중간 길이 머리	ผมดัดลอนหยิก	폼땃런y익	파마머리
ผมตรง	폼뜨롱	생머리	ผมดัดลอนอ่อน	폼땃런언–	웨이브 머리
ผมหยิก	폼y익	곱슬머리	ผมบ๊อบ	폼법	단발머리
ผมหน้าม้า	폼나–마–	앞머리	ผมย้อมสี	폼염–씨–	염색머리
ผมเปีย	폼삐야–	땋은 머리	ผมหางม้า	폼항–마–	말총머리
ผมดำ	폼담	검은 머리	ผมหงอก	폼응억–	백발 머리

머리 관련 동사					
ตัดผม	땃폼	머리를 자르다	หวีผม	위–폼	머리를 빗다
ดัดผม	닫폼	파마하다	สระผม	싸폼	머리를 감다
ย้อมผม	염–폼	염색하다	เป่าผม	빠오폼	머리를 말리다
ตัดแต่งผม	땃땡폼	다듬다	เซ็ตผม	쎗폼	머리를 셋팅하다

기본회화

● ที่ ร้านเสริมสวย[티- 란-쓰ㅓㅁ-쑤어이-] 미용실에서

A **ต้องการ ทรงผม แบบ ไหน ครับ**
떵-깐- 쏭폼 뱁- 나이 크랍
어떤 머리 스타일을 원하세요?

B **ฉัน ต้องการ เหมือน ผู้หญิง คน นี้ ค่ะ**
찬 떵-깐- 므안- 푸-y잉 콘 니- 카
이 여자처럼 원해요.

A **ครับ แต่ ตัด ให้ สั้น ขึ้น อีก นิด หน่อย ดี ไหม ครับ**
크랍 때- 땃 하이 싼 큰 익- 닛 너이- 디- 마이 크랍
네. 그렇지만 좀 더 짧게 잘라도 될까요?

B **ดีค่ะ แล้วก็ ย้อมผม ให้ หน่อย ค่ะ**
디카 래우-꺼- 염-폼 하이 너이- 카
좋아요. 그리고 나서 염색해 주세요.

단어

ร้านเสริมสวย[란-쓰ㅓㅁ-쑤어이-]
미용실

ทรงผม[쏭폼]
헤어스타일

ต้องการ[떵-깐-]
원하다

เหมือน[므안-]
처럼

ผู้หญิง[푸-y잉]
여자

ตัด[땃]
자르다

ขึ้น[큰]
올라가다, 타다, 오르다

อีก[익-]
다시, 더욱, 더, 다른, 따로

หน่อย[너이-]
조금

แล้วก็[래우-꺼-]
그리고 나서

ย้อมผม[염-폼]
염색하다

문법해설

เหมือน[므안–] + 명사 = ~처럼

เหมือน[므안–]은 상태를 나타내는 전치사로 '~같은, ~처럼'이라는 의미입니다. 보통 뒤에 명사와 함께 쓰입니다.

ลูกชาย ของ ฉัน พูด **เหมือน** ผู้ใหญ่ 제 아들은 어른처럼 말한다.
룩–차이– 컹– 찬 풋– 므안– 푸–y아이

เขา เรียน เก่ง **เหมือน** พ่อ 그는 아빠처럼 공부를 잘한다.
카오 리안– 껭 므안– 퍼–

เธอ ตัดผม **เหมือน** ดารา คนนั้น 그녀는 그 배우처럼 머리를 잘랐다.
트ㅓ– 땃폼 므안– 다–라– 콘난

คุณ พูด ภาษาไทย **เหมือน** คนไทย 당신은 태국 사람처럼 태국어를 말한다.
쿤 풋– 파–싸–타이 므안– 콘타이

> ผู้ใหญ่[푸–y아이] 어른
> เรียน เก่ง[리안– 껭] 공부를 잘하다
> ดารา[다–라–] 배우

문형 익히기

เธอ ทำอาหาร เก่ง เหมือน แม่
트ㅓ– 탐아한– 껭– 므안 매–
그녀는 엄마처럼 요리를 잘한다.

1. คนอเมริกัน 미국인 พูด ภาษาอังกฤษ 영어를 말한다
   콘아메리깐 풋– 파–싸–앙끄릿

2. นักร้อง 가수 ร้อง เพลง 노래를 잘한다
   낙렁– 렁– 프렝–

확인문제

1. 다음 빈칸에 우리말을 써 봅시다.

1) ตัดผม ______　　2) ผมสั้น ______

3) ย้อมผม ______　　4) ผมยาว ______

5) ดัดผม ______　　6) ผมตรง ______

2. 다음 태국어를 읽고 우리말로 해석해 봅시다.

1) ต้องการ ทรงผม แบบไหน ครับ/คะ

____

2) ผม ต้อง การ ทรงผม เหมือน ผู้ชาย คนนั้น ครับ

____

3) ย้อมผม ให้ หน่อย ค่ะ

____

3. 다음 문장을 태국어로 써 봅시다.

1) 그녀는 그 배우처럼 머리를 잘랐다.

____

2) 당신은 태국 사람처럼 태국어를 말한다.

____

정답

1. 1) 머리를 자르다　2) 짧은 머리　3) 염색하다　4) 긴 머리　5) 파마하다　6) 생머리

2. 1) 어떤 머리 스타일 원하세요?　2) 저는 그 남자처럼 원해요.　3) 염색해 주세요.

3. 1) เธอ ตัดผม เหมือน ดารา คนนั้น　2) คุณ พูด ภาษาไทย เหมือน คนไทย

Part 36

โรงแรม 롱-램-
호텔

단어 익히기

โรงแรม 롱-램- 호텔

กระเป๋าเดินทาง 끄라빠오드ㅓㄴ-탕- 여행 가방

เบอร์ห้อง 브ㅓ-헝-	방 번호
ห้องว่าง 헝-왕-	빈방
กุญแจห้อง 꾼째-헝-	방 열쇠
เตียงเดี่ยว 띠양-디야우-	싱글 침대
เตียงแฝด 띠양-Fㅐㅅ-	트윈 침대
เตียงคู่ 띠양-쿠-	더블 침대
จอง 정-	예약하다
เช็คอิน 첵인	체크인
เช็คเอาท์ 첵아오	체크아웃
ล็อบบี้ 럽비-	로비
ค่า ห้องพัก 카-헝-팍	객실 비용
ห้องพัก 헝-팍	객실
พัก 팍	묵다
รูมเซอร์วิส 룸쓰ㅓ윗	룸서비스

기본회화

A สวัสดี ครับ ผม อยาก จอง ห้องพัก ครับ

싸왓디- 크랍 폼 약- 쩡- 헝-팍 크랍

안녕하세요. 저는 예약을 하고 싶어요.

B คุณ ต้องการ ห้อง แบบ ไหน คะ

쿤 떵-깐- 헝- 뱁 나이 카

어떤 방을 원하세요?

A ผม ต้องการ ห้อง เตียงเดี่ยว ครับ

폼 떵-깐- 헝- 띠양-디아우- 크랍

저는 싱글 침대를 원해요.

B คุณ ต้องการ จะ พัก กี่ คืน คะ

쿤 떵-깐- 짜 팍 끼- 큰- 카

몇 박을 (묵기) 원하십니까?

A 2 คืน 3 วัน ครับ

썽- 큰 쌈- 완 크랍

2박 3일이에요.

ค่า ห้องพัก คืนละ เท่าไร ครับ

카- 헝-팍 큰-라 타오라이 크랍

1박 객실 비용은 얼마예요?

B คืนละ 1000 บาท ค่ะ

큰-라 능판 밧- 카

1박에 1000바트입니다.

단어

จอง[쩡-]
예약

ห้องพัก
[헝-팍]
객실

ห้อง[헝-]
방

พัก[팍]
묵다

ต้องการ[떵-깐-]
원하다

เตียง[띠양-]
침대

เดี่ยว[디아우-]
홀로

คืนละ[큰-라]
1박 (각)

คืน[큰-]
밤, 야간, 교환하다,
돌려주다

ละ[라]
각

ค่า
[카-]
비용

문법해설

ต้องการ[떵-깐-] 원하다, 필요하다, ~하고 싶다

보통 **ต้องการ**[떵-깐-]은 '원하다, 필요하다, ~하고 싶다'라는 의미로, 명사 앞에 쓰일 경우에는 문어체와 구어체 구분 없이 쓰이나 동사 앞에 쓰일 경우에는 22과에 나왔던 **อยาก**[약-]과 같은 뜻으로, 문어체이며 공식적인 자리에서 많이 사용합니다.

ต้องการ[떵-깐-] + 명사

ผม ต้องการ รถ ใหม่ ครับ 저는 새로운 차를 원합니다.
폼 떵-깐- 롯 마이 크랍

ฉัน ต้องการ ห้องพัก ค่ะ 저는 객실을 원합니다.
찬 떵-깐- 헝-팍 카

ฉัน ต้องการ อันนี้ ค่ะ 저는 이것을 원합니다.
찬 떵-깐- 안니- 카

ต้องการ[떵-깐-] + 동사

'~하고 싶다'라는 의미로 말할 때는 **อยาก**[약-]보다 조금 더 공식적으로 느낄 수 있습니다.

ผม ต้องการ จะ เช็คอิน ครับ 저는 체크인 (하기) 원합니다.
폼 떵-깐- 짜 첵인 크랍 (저는 체크인 하고 싶어요.)

เขา ต้องการ ไป ที่ โรงแรม ครับ 그는 호텔에 (가기) 원합니다.
카오 떵-깐- 빠이 티- 롱-램- 크랍 (그는 호텔에 가고 싶어요.)

ผม ต้องการ พัก ที่นี่ 3 คืน ครับ 저는 여기에 3박 묵기 원합니다.
폼 떵-깐- 팍 티-니- 쌈- 큰- 크랍 (저는 여기에 3박 묵고 싶어요.)

확인문제

1. 다음 빈칸에 태국어나 우리말을 써 봅시다.

1) จอง ______ 2) ______ 체크인

3) ห้องพัก ______ 4) ______ 체크아웃

5) โรงแรม ______ 6) ______ 싱글 침대

2. 다음 태국어를 읽고 우리말로 해석해 봅시다.

1) ผม อยาก จอง ห้องพัก ครับ

______

2) คุณ ต้องการ ห้อง แบบ ไหน คะ

______

3) ค่า ห้องพัก คืนละ เท่าไร ครับ

______

3. 다음 문장을 태국어로 써 봅시다.

1) 저는 더블 침대를 원합니다.

______

2) 저는 체크아웃을 원합니다.

______

정답

1. 1) 예약하다 2) เช็คอิน 3) 객실 4) เช็คเอาท์ 5) 호텔 6) เตียงเดี่ยว
2. 1) 저는 예약을 하고 싶어요. 2) 어떤 방을 원하세요? 3) 1박 객실 비용은 얼마예요?
3. 1) ถผม/ฉัน ต้องการ ห้อง เตียงคู่ ครับ /ค่ะ 2) ผม/ฉัน ต้องการ เช็คเอาท์ ครับ/ค่ะ

회화 익히기

● 호텔 예약에 필요한 회화

คุณ จอง ห้องพัก แล้ว หรือยัง ครับ/คะ
쿤 정– 헝–팍 래우– 르–양– 크랍/카
예약은 하셨습니까?

ผม/ฉัน จอง ห้องพัก แล้ว ครับ/ค่ะ
폼/찬 정– 헝–팍 래우– 크랍/카
예약했습니다.

เพิ่ม เตียง ได้ไหม ครับ/คะ
프ㅓㅁ– 띠양– 다이마이 크랍/카
침대 추가할 수 있어요?

เช็คอิน กี่โมง ครับ/คะ
첵인 끼–몽– 크랍/카
체크인 몇 시예요?

เช็คเอาท์ กี่โมง ครับ/คะ
첵아오 끼–몽– 크랍/카
체크아웃 몇 시예요?

รวม ค่า อาหารเช้า ด้วย หรือเปล่า ครับ/คะ
루엄– 카– 아–한–차오 두어이– 르–쁘라오 크랍/카
아침식사 포함되어 있나요?

ผม/ฉัน ต้องการ ห้องนี้ ครับ/ค่ะ
폼/찬 떵–깐– 헝–니– 크랍/카
이 방을 원합니다.(이 방으로 하겠습니다.)

ผม/ฉัน ฝาก กระเป๋าเดินทาง ที่นี่ ได้ไหม ครับ/คะ
폼/찬 파ㄱ– 끄라빠오드ㅓㄴ–탕– 티–니– 다이마이 크랍/카
여기에 여행 가방을 맡길 수 있나요?

ค่า อาหารเช้า[카– 아–한–차오] 아침식사 비용
ฝาก[파ㄱ–] 맡기다
กระเป๋าเดินทาง[끄라빠오드ㅓㄴ–탕–] 여행 가방, 수화물, 짐

태국의 공휴일

- **1월 1일**   새해 설날
- **4월 6일**   짝끄리 왕조 기념일
- **4월 13일~15일**   쏭끄란. 예날에 쏭끄란은 태국의 설날이었으나 현재는 가족을 만나러 가고(태국 전통 설날) 물놀이를 하는 축제의 의미가 더 커짐.
- **4월 14일**   가족의 날
- **5월 4일**   국왕대관식 기념일
- **6월 3일**   현 왕비 탄생일
- **7월 28일**   현 국왕 탄신일(라마 10세)
- **8월 12일**   어머니의 날
- **10월 13일**   푸미폰 전 국왕(라마 9세) 추모일 / 서거일
- **10월 23일**   쫄라농콘 대왕(라마 5세) 기념일
- **12월 5일**   아버지의 날(라마 9세 국왕 탄신일)
- **12월 10일**   제헌절
- **12월 31일**   연말

Part 37

สั่ง อาหาร 쌍 아–한–
음식 주문

단어 익히기

เบียร์ 비야– 맥주 | น้ำเปล่า 남쁘라오 물 | น้ำผลไม้ 남폰라마이 과일주스

เมนู	메–누–	메뉴	อาหาร	아–한–	음식
เครื่องดื่ม	크르앙–듬–	음료수	น้ำแข็ง	남캥	얼음
เหล้า	라오	술	ไวน์	와이	와인
โค้ก	콕–	콜라	น้ำโซดา	남쏘–다–	소다수
ก๋วยเตี๋ยว	꾸어이–띠야우–	쌀국수	ข้าวผัด	카우–팟	볶음밥
ผัดไทย	팟타이	팟타이	ต้มยำกุ้ง	똠얌꿍	똠얌꿍
ส้มตำ	쏨땀	쏨땀	ที่	티–	~인분(serving)
โต๊ะ	또	테이블	ช้อน	천–	숟가락
ตะเกียบ	따끼얍–	젓가락	ส้อม	썸–	포크

● 수량사

ขวด	쿠엇–	병	จาน	짠–	접시
แก้ว	깨우	잔	กระป๋อง	끄라뻥	캔

기본회화

A **ขอ เมนู หน่อย ค่ะ**
커- 메-누- 너이- 카
메뉴 좀 주세요.

B **นี่ ครับ**
니- 크랍
여기요.

A **สั่ง อาหาร หน่อย ค่ะ**
쌍 아-한- 너이- 카
주문 좀 할게요.

B **รับ อะไร ดี ครับ**
랍 아라이 디- 크랍
뭐 드실래요?

A **ขอ ผัดไทย 2 จาน แล้วก็ ส้มตำไทย 1 จาน ค่ะ**
커- 팟타이 썽- 짠- 래우-꺼- 쏨땀타이 능 짠- 카
팟타이 두 접시 그 다음 쏨땀 한 접시 주세요.

B **รับ เครื่องดื่ม อะไร ดี ครับ**
랍 크르앙-듬- 아라이 디- 크랍
음료수는 뭘로 하실래요?

A **ขอ เบียร์ 1 ขวด และ โค้ก 1 กระป๋อง ค่ะ**
커- 비야- 능 쿠엇- 래 콕- 능 끄라뻥 카
맥주 한 병 그리고 콜라 한 캔 주세요.

B **ครับ รอ สักครู่ นะ ครับ**
크랍 러- 싹크루- 나 크랍
네. 잠깐 기다려 주세요.

단어

ขอ[커-]
요구하다, 바라다

เมนู[메-누-]
메뉴

หน่อย[너이-]
조금, 좀

นี่[니-]
여기, 이

สั่ง[쌍]
주문하다

รับ[랍]
받다

จาน[짠-]
접시

ส้มตำไทย[쏨땀타이]
(=ส้มตำ[쏨땀])
쏨땀

เครื่องดื่ม[크르앙-듬-]
음료수

เบียร์[비야-]
맥주

โค้ก[콕-]
콜라

กระป๋อง[끄라뻥]
캔

รอ สักครู่[러- 싹크루-]
잠깐 기다리다

문법해설

ขอ[커–]+명사+หน่อย[너이–] ค่ะ/ครับ[카/크랍] = ~ 좀 주세요

'**ขอ** + 명사 + **หน่อย ค่ะ/ครับ**'은 '~ 좀 주세요'라는 의미로, 어떤 것을 부탁하거나 요청할 때 사용하는 조동사 **ขอ**[커–]와 '~좀'이라는 의미를 지닌 **หน่อย**[너이–]를 같이 쓰는 표현입니다.

예를 들어 태국 사람들은 음식을 주문할 때 **ขอ สั่ง อาหาร หน่อย ค่ะ**[커– 쌍 아–한– 너이– 카] 아니면 **สั่ง อาหาร หน่อย ค่ะ**[쌍 아–한– 너이– 카]와 같이 표현하며, 영어로 May I ~please.와 비슷합니다.

ขอ **น้ำ** หน่อย ค่ะ　물 좀 주세요.
커– 남 너이– 카

ขอ **เมนู** หน่อย ค่ะ　메뉴 좀 주세요.
커– 메–누– 너이– 카

ขอ **เบียร์ 1 กระป๋อง** (หน่อย) ค่ะ　맥주 한 캔 좀 주세요.
커– 비야– 능 끄라뻥 (너이–) 카

ขอ **ข้าวผัด 1 จาน** (หน่อย) ค่ะ　볶음밥 한 접시 좀 주세요.
커– 카우–팟 능 짠– (너이–) 카

● 음식을 주문할 때

ขอ **สั่ง อาหาร** หน่อย ค่ะ　주문할게요.
커– 쌍 아–한– 너이– 카

● 사람이 너무 많은 곳을 지나갈 때

ขอ **ไป** หน่อย ค่ะ　잠시만요./지나갈게요.
커– 빠이 너이– 카

확인문제

1. 다음 빈칸에 태국어나 우리말을 써 봅시다.

1) เมนู ______ 2) ______ 물

3) เครื่องดื่ม ______ 4) ______ 맥주

5) โต๊ะ ______ 6) ______ 얼음

2. 다음 태국어를 읽고 우리말로 해석해 봅시다.

1) มี โต๊ะ ไหม คะ/ครับ

______

2) รับ อะไร ดี คะ/ครับ

______

3) ขอ สั่ง อาหาร ค่ะ

______

3. 다음 문장을 태국어로 써 봅시다.

1) 물 좀 주세요.

______

2) 맥주 한 병 주세요.

______

정답

1. 1) 메뉴 2) น้ำ / น้ำเปล่า 3) 음료수 4) เบียร์ 5) 테이블 6) น้ำแข็ง
2. 1) 테이블 있어요? 2) 뭐 드실래요? 3) 주문할게요.
3. 1) ขอ น้ำ หน่อย ค่ะ/ครับ 2) ขอ เบียร์ 1 ขวด หน่อย ค่ะ/ครับ

Part 38

โรงเรียน 롱–리얀–
학교

단어 익히기

ห้องเรียน 헝–리얀– 교실

กระดานดำ 끄라단–담 칠판

นักเรียน 낙리얀– 학생

โรงเรียนอนุบาล 롱–리얀–아누반–	유치원
โรงเรียนประถมศึกษา 롱–리얀–쁘라톰쓱싸–	초등학교
โรงเรียนมัธยมศึกษา 롱–리얀–맛타욤쓱싸–	중 · 고등학교
มหาวิทยาลัย 마하–윗타야–라이	대학교
อาจารย์ 아–짠–	교수님
คุณครู 쿤크루–	선생님
นักศึกษา 낙쓱싸–	대학생
หนังสือ 낭쓰–	책
สมุด 싸뭇	공책
เรียน 리얀–	공부하다
การบ้าน 깐–반–	숙제

วิชา 위차– 과목			
ภาษาไทย 파–싸–타이	태국어	**สังคมศาสตร์** 쌍콤쌋–	사회학
ภาษาอังกฤษ 파–싸–앙끄릿	영어	**คณิตศาสตร์** 카닛쌋–	수학
วิทยาศาสตร์ 윗타야–쌋–	과학	**ประวัติศาสตร์** 쁘라왓쌋–	역사학

기본회화

A คุณ ชอบ วิชา อะไร ครับ
쿤 첩– 위차– 아라이 크랍
당신은 무슨 과목을 좋아해요?

B ฉัน ชอบ วิชา คณิตศาสตร์ ค่ะ
찬 첩– 위차– 카닛쌋– 카
저는 수학을 좋아해요.

A ทำไม ชอบ วิชา คณิตศาสตร์ ครับ
탐마이 첩– 위차– 카닛쌋– 크랍
왜 수학을 좋아해요?

B เพราะว่า สนุก ค่ะ
프러와– 싸눅 카
왜냐하면 재미있어요.

A แล้ว ภาษาไทย ล่ะ ครับ
래우– 파–싸–타이 라 크랍
태국어는요?

B ฉัน ชอบ วิชา ภาษาไทย ด้วย ค่ะ
찬 첩– 위차– 파–싸–타이 두어이– 카
태국어도 제가 좋아해요.

แต่ คุณ ครู ให้ การบ้าน เยอะ มาก ค่ะ
때– 쿤 크루– 하이 깐–반– y어 막– 카
그렇지만 선생님이 숙제를 너무 많이 주셨어요.

단어

ชอบ[첩–]
좋아하다

วิชา[위차–]
과목

คณิตศาสตร์
[카닛쌋–]
수학

ทำไม[탐마이]
왜

เพราะว่า[프러와–]
때문에, 왜냐하면

สนุก[싸눅]
재미있다

ภาษาไทย
[파–싸–타이]
태국어

ครู[크루–]
선생님

ให้[하이]
주다

การบ้าน[깐–반–]
숙제

เยอะ[y어]
많다

문법해설

ให้[하이] 주다, ~에게 해주다, ~하게, ~하게 하다

ให้[하이]는 여러 품사가 있어 다양한 용법으로 쓰입니다.

1. 동사 ให้[하이] 주다

ให้[하이]는 동사로 '주다라는 의미입니다.

แม่ ให้ ของขวัญ 엄마가 선물을 주다.
매– 하이 컹콴–

ครู ให้ การบ้าน 선생님이 숙제를 주다.
크루– 하이 깐–반–

2. 전치사 ให้[하이] + 대상 = ~에게 해주다

ให้[하이]는 전치사로 '~에게'라는 의미이고, 동사와 함께 쓰입니다.

พ่อ ซื้อ ดอกไม้ ให้ แม่ 아빠가 엄마에게 꽃을 사주다.
퍼– 쓰– 덕–마이 하이 매–

ครู สอน ภาษาไทย ให้ ฉัน 선생님이 나에게 태국어를 가르쳐주다.
크루– 썬– 파–싸–타이 하이 찬

3. ให้[하이] + 수식사 = ~하게

ให้[하이]가 수식사 앞에 오면 그 문장을 부사구로 만들어주며 '~하게'라는 의미로 사용합니다.

เรียน ให้ดี 잘 배우다.
리얀– 하이디–

4. ให้[하이] ~하게 하다(허락)

ให้[하이]는 허락 의미의 '~하게 하다'로도 쓰일 수 있습니다.

แม่ ให้ ไป ข้างนอก กับ เพื่อน 엄마가 친구랑 밖에 나가게 하다.
매– 하이 빠이 캉–넉– 깝 프안–

พ่อ ไม่ ให้ เล่นเกม 아빠가 게임하지 못하게 하다.
퍼– 마이 하이 렌껨–

> ไม่[마이] 않다
> ไม่ ให้[마이하이] + 동사 = ~지 못하게 하다

확인문제

1. 다음 빈칸에 태국어나 우리말을 써 봅시다.

1) โรงเรียน ______ 2) ______ 교실

3) วิชา ______ 4) ______ 선생님

5) การบ้าน ______ 6) ______ 수학

2. 다음 태국어를 읽고 우리말로 해석해 봅시다.

1) คุณ ชอบ วิชา อะไร คะ/ครับ

______

2) ฉัน ชอบ วิชา ภาษาไทย ค่ะ

______

3) ครู ให้ การบ้าน

______

3. 다음 문장을 태국어로 써 봅시다.

1) 엄마가 선물을 준다.

______

2) 선생님이 나에게 태국어를 가르쳐 준다.

______

정답

1. 1) 학교 2) ห้องเรียน 3) 과목 4) คุณครู/ครู 5) 숙제 6) คณิตศาสตร์
2. 1) 당신은 무슨 과목을 좋아해요? 2) 저는 태국어를 좋아해요. 3) 선생님이 숙제를 주다.
3. 1) แม่ ให้ ของขวัญ ค่ะ/ครับ 2) คุณ ครู สอน ภาษาไทย ให้ ผม/ฉัน

Part 39

ในบ้าน 나이반–

집안에

단어 익히기

ห้องนั่งเล่น 헝–낭렌 거실 ห้องครัว 헝–크루어– 부엌 ห้องนอน 헝–넌– 침실

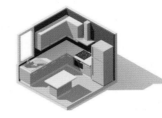

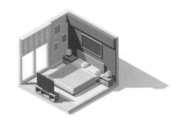

โทรทัศน์	토–라탓	텔레비전	โทรศัพท์	토–라쌉	전화기
โซฟา	소–Fㅏ–	소파	เตียง	띠양–	침대
ผ้าม่าน	파–만–	커튼	พรม	프롬	카페트
นาฬิกาติดผนัง	나–리까–띳파낭	벽시계	เครื่องปรับอากาศ	크르앙–쁘랍아–깟–	에어컨
เตาแก๊ส	따오깻–	가스렌지	หม้อ	머–	냄비
กระทะ	끄라타	프라이팬	หม้อหุงข้าว	머–훙카우–	밥솥
เตาอบ	따오옵	오븐	ไมโครเวฟ	마이크로웹	전자레인지
อ่างล้างจาน	앙–랑–짠–	싱크대	หมอน	먼–	베개
ผ้าห่ม	파–홈	이불	เก้าอี้	까오이–	의자
โต๊ะเครื่องแป้ง	또크르앙–뺑–	화장대	ตู้เสื้อผ้า	뚜–쓰아–파–	옷장
ห้องน้ำ	헝–남	화장실	อ่างล้างหน้า	앙–랑–나–	세면기
กระจก	끄라쪽	거울	แปรงสีฟัน	쁘랭–씨–Fㅏㄴ	칫솔
ยาสีฟัน	야–씨–Fㅏㄴ	치약	สบู่	싸부–	비누
แชมพู	챔–푸–	샴푸	ผ้าเช็ดตัว	파–쳇뚜어–	수건
ฝักบัว	Fㅏㄱ부어–	샤워	โถชักโครก	토–착크록–	변기
อ่างอาบน้ำ	앙–압–남	욕조	กระดาษชำระ	끄라닷–참라	휴지

202 혼자 배우는 태국어첫걸음

기본회화

● **โทรศัพท์**[토-라쌉] 전화

A **ฮัลโหล ครับ**
할로- 크랍
여보세요?

B **กิน ข้าว หรือ ยัง**
낀 카우- 르- 양
밥 먹었어?

A **ยัง ครับ ทันทีที่ ถึง บ้าน ก็ จะ กิน ข้าว เลย**
양 크랍 탄티-티- 틍 반- 꺼- 짜 낀 카우- 르ㅓ이-
아직요. 집에 도착하자마자 밥 먹을게요.

B **แม่ ทำ แกง กิมจิ ไว้**
매- 탐 깽- 낌찌 와이
엄마가 김치찌개 끓여 놨어.

A **ขอบคุณ ครับ พี่ชาย ล่ะ ครับ**
컵-쿤 크랍 피-차이- 라 크랍
고마워요. 형은요?

B **ทันทีที่ ถึง บ้าน ก็ หลับ ที่ โซฟา เลย**
탄티-티- 틍 반- 꺼- 랍 티- 소-Fㅏ- 르ㅓ이-
집에 도착하자마자 소파에서 자.

단어

กิน[낀]
먹다

ข้าว[카우-]
밥

ทันทีที่[탄티-티-]
~하자마자

ยัง[양]
아직

ถึง[틍]
도착하다

บ้าน[반-]
집

แม่[매-]
엄마

ทำ[탐]
하다

แกง[깽-]
국, 탕, 찌개

กิมจิ[낌찌]
김치

ไว้[와이]
~해 두다

ขอบคุณ[컵-쿤]
감사하다, 고맙다

พี่ชาย[피-차이-]
형

หลับ[랍]
자다

문법해설

ทันทีที่[탄티-티-] **+동사…ก็**[꺼-] **+동사+เลย**[르ㅓ이-] **= ~하자마자**

동작의 연속을 나타낼 때 쓰이는 표현입니다.

ทันทีที่ **ถึง บ้าน** ก็ **อาบน้ำ** เลย　집에 도착하자마자 샤워한다.
탄티-티- 틍 반- 꺼- 압-남 르ㅓ이-

ทันทีที่ **กิน ข้าว เสร็จ** ก็ **ล้างจาน** เลย　밥을 다 먹자마자 설거지한다.
탄티-티- 낀 카우- 셋 꺼- 랑-짠- 르ㅓ이-

ทันทีที่ **ตื่นนอน** ก็ **จัดที่นอน** เลย　일어나자마자 침대를 정리한다.
탄티-티- 뜬-넌- 꺼- 짯티넌- 르ㅓ이-

ทันทีที่ **เข้าห้องน้ำ** ก็ **แปรงฟัน** เลย　화장실에 들어가자마자 칫솔질한다.
탄티-티- 카오헝-남 꺼- 쁘랭-Fㅏㄴ 르ㅓ이-

문형 익히기

ทันทีที่ นอน ที่ เตียง ก็ หลับ เลย
탄티-티- 넌- 티- 띠양- 꺼- 랍 르ㅓ이-

침대에 눕자마자 잔다.

1. **ไปทำงาน ที่ บริษัท** 회사에 출근하다　**ทำงาน** 일하다
빠이탐응안- 티- 버-리쌋　탐응안-

2. **นั่ง ที่ โซฟา** 소파에 앉다　**ดู โทรทัศน์** 텔레비전을 보다
낭 티- 쏘-Fㅏ-　두- 토-라탓

204 혼자 배우는 태국어첫걸음

확인문제

1. 다음 빈칸에 태국어나 우리말을 써 봅시다.

1) โซฟา ______ 2) ______ 침실

3) เก้าอี้ ______ 4) ______ 침대

5) ห้องน้ำ ______ 6) ______ 부엌

2. 다음 태국어를 읽고 우리말로 해석해 봅시다.

1) ทันทีที่ ถึง บ้าน ก็ กิน ข้าว เลย

______

2) ทันทีที่ ตื่นนอน ก็ ดู โทรทัศน์ เลย

______

3) ทันทีที่ เข้าห้องน้ำ ก็ อาบน้ำ เลย

______

3. 다음 문장을 태국어로 써 봅시다.

1) 집에 도착하자마자 소파에 앉아요.

______

2) 집에 도착하자마자 텔레비전을 봐요.

______

정답

1. 1) 소파 2) ห้องนอน 3) 의자 4) เตียง 5) 화장실 6) ห้องครัว
2. 1) 집에 도착하자마자 밥을 먹다. 2) 일어나자마자 텔레비전을 보다. 3) 화장실에 들어가자마자 샤워를 하다.
3. 1) ทันทีที่ ถึงบ้าน ก็ นั่ง ที่ โซฟา เลย ค่ะ/ครับ 2) ทันทีที่ ถึงบ้าน ก็ ดู โทรทัศน์ เลย

Part 40

ยานพาหนะ 얀–파–하나
교통수단

단어 익히기

รถไฟ 롯Fㅏ이 기차

รถไฟใต้ดิน 롯Fㅏ이따이딘 지하철

จักรยาน 짝까얀– 자전거

เครื่องบิน 크르앙–빈	비행기
รถยนต์ 롯욘	자동차
รถแท็กซี่ 롯택씨–	택시
รถประจำทาง / รถเมล์ 롯쁘라짬탕– / 롯메–	버스
รถกระบะ 롯끄라바	픽업차
รถบรรทุก 롯반툭	트럭
รถตำรวจ 롯땀루엇–	경찰차
รถพยาบาล 롯파야–반–	구급차
รถดับเพลิง 롯답프르ㅓㅇ–	소방차
รถจักรยานยนต์ / มอเตอร์ไซค์ 롯짝까얀–욘 / 머–뜨ㅓ싸이	오토바이
รถตุ๊กตุ๊ก 롯뚝뚝	뚝뚝(삼륜차)

ขึ้น 큰	타다, 오르다, 올라가다
นั่ง 낭	타다, 앉다

기본회화

Q **จาก โซล ไปถึง ปูซาน คุณ ไป อย่างไร ครับ**

짝- 서울 빠이틍- 뿌-싼- 쿤 빠이 양-라이 크랍

서울에서 부산까지 당신은 어떻게 가요?

A1 **ฉัน ไป โดย เครื่องบิน ค่ะ**

찬 빠이 도이- 크르앙-빈 카

저는 비행기로 가요.

A2 **ผม นั่ง รถไฟ ไป ครับ**

폼 낭 롯F ㅏ이 빠이 크랍

저는 기차를 타요.

A3 **ฉัน ขับ รถยนต์ ไป ค่ะ**

찬 캅 롯욘 빠이 카

저는 자동차로 운전을 해서 가요.

Q **คุณ มา ที่นี่ อย่างไร ครับ**

쿤 마- 티-니- 양-라이 크랍

여기에 어떻게 와요?

A1 **ฉัน มา โดย รถเมล์ ค่ะ**

찬 마- 도이- 롯메- 카

버스로 와요.

A2 **ผม ขี่ จักรยาน มา ครับ**

폼 키- 짝까얀- 마- 크랍

자전거를 타고 와요.

단어

โซล[서울]
서울

จาก ~ ไปถึง
[짝- 빠이틍-]
~에서 …까지

ปูซาน[뿌-싼-]
부산

อย่างไร[양-라이]
어떻게

โดย[도이-]
~로

ขับ[캅]
운전하다

ที่นี่[티-니-]
여기

มา[마-]
오다

ขี่[키-]
운전하다(오토바이, 자전거)

문법해설

1. 동사+อย่างไร[양-라이] = 어떻게 ~해요?

의문사 อย่างไร[양-라이]를 이용한 의문문

คุณ ไป อย่างไร　당신은 어떻게 가요?
쿤 빠이 양-라이

คุณ ทำ อย่างไร　당신은 어떻게 해요?
쿤 탐 양-라이

คุณ มา อย่างไร　당신은 어떻게 와요?
쿤 마- 양-라이

ผม สามารถ ทำได้ อย่างไร　저는 어떻게 할 수 있어요?
폼 싸-맛- 탐다이 양-라이

2. จาก[짝-] 장소 A (ไป)ถึง[빠이틍] 장소 B = 장소 A에서 장소 B까지

จาก **โซล** ไปถึง **ปูซาน**　서울에서 부산까지
짝- 서울 빠이틍 뿌-싼-

จาก **ไทย** ไปถึง **เกาหลี**　태국에서 한국까지
짝- 타이 빠이틍 까오리-

3. ตั้งแต่[땅때-] 시간 A ถึง[틍-] 시간 B = 시간 A부터 시간 B까지

시간의 시작점과 종료점을 나타냅니다.

ตั้งแต่ **วันที่ 13** ถึง **วันที่ 15**　13일부터 15일까지
땅때- 완티- 씹쌈- 틍- 완티- 씹하-

확인문제

1. 다음 빈칸에 태국어나 우리말을 써 봅시다.

1) เครื่องบิน ________ 2) ________ 택시

3) รถยนต์ ________ 4) ________ 지하철

5) รถเมล์ ________ 6) ________ 기차

2. 다음 태국어를 읽고 우리말로 해석해 봅시다.

1) คุณ ไป อย่างไร ครับ/ คะ

____

2) ผม ไป โดย รถเมล์ ครับ

____

3) ฉัน ไป โดย รถยนต์ ค่ะ

____

3. 다음 문장을 태국어로 써 봅시다.

1) 태국에서 한국까지

____

2) 7일부터 9일까지

____

정답

1. 1) 비행기 2) รถแท็กซี่ 3) 자동차 4) รถไฟใต้ดิน 5) 버스 6) รถไฟ
2. 1) 당신은 어떻게 가요? 2) 저는 버스로 가요. 3) 저는 자동차로 가요.
3. 1) จาก ไทย ไปถึง เกาหลี 2) ตั้งแต่ วันที่ 7 ถึง วันที่ 9

문법 보충

1. 가능, 능력의 조동사 ได้[다̂이]

가능, 능력의 조동사 ได้[다̂이]가 긍정의 의미로 쓰일 때에는 'ได้[다̂이] 할 수 있다, 되다, 가능하다' 그대로 사용하고, 부정의 의미로 쓰일 때에는 'ไม่ได้[마̂이다̂이] 할 수 없다, 안 된다, 불가능하다'와 같이 사용합니다.

ได้[다̂이] 할 수 있다, 되다, 가능하다

พูด ภาษาไทย ได้ 풋̂- 파-싸̌-타이 다̂이 태국어를 말할 수 있다.
เปลี่ยนสินค้า ได้ 쁘리얀-씬̌카̂- 다̂이 교환 가능하다.
ฉัน กินเผ็ด ได้ 찬̌ 낀펫̀ 다̂이 매운 것을 먹을 수 있다.

ไม่ได้[마̂이다̂이] 할 수 없다, 안 된다, 불가능하다

พูด ภาษาอังกฤษ ไม่ได้ 풋̂- 파-싸̌-앙끄릿̀ 마̂이다̂이 영어를 못하다/할 수 없다.
พูด เสียงดัง ใน ห้องเรียน ไม่ได้ 교실에서 시끄럽게 말 못해요.
풋̂- 씨̌양-당 나이 헝̂-리얀- 마̂이다̂이

2. อย่า[야̀-]+동사 = ~하지 마세요

조동사 อย่า[야̀-]는 '~하지 마세요'라는 의미로 뒤에 동사를 놓아 사용합니다.

อย่า ไป ค่ะ 야̀- 빠이 카̂ 가지 마세요.
อย่า ทำ ครับ 야̀- 탐 크랍́ 하지 마세요.
อย่า ลืม 야̀- 름- 잊지 마.

3. 주어 A+형용사 กว่า+주어 B = 주어 A는 주어 B보다 ~ 더 (형용사)하다

태국어의 비교문은 '~보다'라는 뜻의 กว่า를 사용하여 '주어 A + 형용사 + กว่า + 주어 B'의 형태로 사용합니다. 'A는 B보다 더 (형용사)하다'라는 의미입니다.

พิชชา สวยกว่า ฮันนา 핏차- 쑤̌어이-꽈̀- 한나- 핏차는 한나보다 더 이쁘다.
พลอยดาว สูงกว่า ฮันนา 프러이-다우- 쑹̌-꽈̀- 한나- 프러이다우가 한나보다 키가 더 크다.
ยูนจี พูด ภาษาไทย เก่งกว่า ฮันนา 윤지는 한나보다 태국어 말을 더 잘한다.
윤-지- 풋̂- 파-싸̌-타이 껭̀꽈̀- 한나

태국 국가(國歌)

태국의 국가(國家) 명칭은 불력 2482년에 'ประเทศสยาม[쁘라텟-싸얌-]'에서 'ประเทศไทย[쁘라 텟-타이]'로 바뀌었습니다. 그래서 태국 정부에서는 새로운 국가(國歌)에 쓸 가사를 พระเจนดุริยางค์[프라쩬-두리양-]의 멜로디를 쓰는 조건으로 경합을 벌였습니다. 그 결과 หลวง สารานุประพันธ[루엉- 싸-라-누쁘라판]이 경합에서 우승하였으나 공식적으로 선포하기 전에 가사를 조금 수정하였습니다. 태국 국가(國歌)는 เพลงชาติไทย[프렝-찻-타이]라 부르는데, 그 가사의 의미를 살펴보면 다음과 같습니다.

태국은 피와 살로 국민들을 하나 되게 한다.

태국의 모든 땅은 태국에 속한다.

쭉 독립국가였으며, 그것은 태국은 통합을 사랑한다는 것이다.

태국은 평화를 사랑하지만, 싸워야 한다면 겁먹지 않는다.

국가는 그 누구도 넘보게 하지 않을 것이다.

국가를 위해 마지막 한 방울의 피까지 흘릴 것이며 태국은 계속해서 승리할 것이다.

단어 찾아보기

이 책에 수록된 단어를 가나다순으로 배열하여 정리하였습니다.

가

가게	ร้านค้า	란-카-
가격	ราคา	라-카-
가깝다	ใกล้	끄라이
가끔	บ้าง / บางที	방- / 방-티-
가난하다	จน	쫀
가능하다	เป็นไปได้ / ได้	뻰빠이다이 / 다이
가다	ไป	빠이
가르치다	สอน	썬-
가방	กระเป๋า	끄라빠오
가볍다	เบา	바오
가수	นักร้อง	낙렁-
가스렌지	เตาแก๊ส	따오깻-
가을	ฤดูใบไม้ร่วง	르두-바이마이루엉-
가족	ครอบครัว	크럽-크루어-
각	มุม / ละ	뭄 / 라
간호사	พยาบาล	파야-반-
갈색	สีน้ำตาล	씨-남딴-
감기에 걸리다	เป็นหวัด	뻰왓
감동하다	ซาบซึ้งใจ	쌉-씅짜이
감사하다	ขอบคุณ	컵-쿤
감정	อารมณ์ / ความรู้สึก	아-롬 / 쾀-루-쓱
강[江]	แม่น้ำ	매-남
강하다	แรง	랭-
강한 햇살	แดดจ้า	댓-짜-
갖고 싶다	อยากได้	약-다이
같다	เหมือน	므안-
같이	ด้วยกัน	두어이-깐
같이 가다	ไปกันเถอะ	빠이깐트ㅓ
객실	ห้องพัก	헝-팍
객실 비용	ค่า ห้องพัก	카- 헝-팍
거실	ห้องนั่งเล่น	헝-낭렌
거울	กระจก	끄라쪽
걱정하다	กังวล	깡온
건강	สุขภาพ	쑥카팝-
건강하다	สุขภาพดี	쑥카팝-디-
건기	ฤดูแล้ง	르두-랭-
걷다	เดิน	드ㅓㄴ-
검은 머리	ผมดำ	폼담
검은색	สีดำ	씨-담
~것	ที่	티-
게으르다	ขี้เกียจ	키-끼얏-
게임을 하다	เล่นเกม	렌껨-
겨울	ฤดูหนาว	르두-나우-
결혼하다	แต่งงาน	땡응안-
경찰차	รถตำรวจ	롯땀루엇-
계절	ฤดู / ฤดูกาล	르두- / 르두-깐-
고맙다	ขอบคุณ	컵-쿤
고모	ป้า / อา	빠- / 아-
고수	ผักชี	팍씨-
고집이 세다	หัวรั้น / หัวดื้อ	후어-란 / 후어-드-
곱슬머리	ผมหยักศก / ผมหยิก	폼약쏙 / 폼y익
공기가 상쾌하다	อากาศสดชื่น	아-깟-쏫츤-
공부를 잘하다	เรียน เก่ง	리얀- 껭
공부하다	เรียน	리얀-
공책	สมุด	싸뭇
공휴일	วันหยุดราชการ	완윳랏-차깐-
~과	กับ	깝
과목	วิชา	위차-
과일주스	น้ำผลไม้	남폰라마이
과자	ขนม	카놈
과학	วิทยาศาสตร์	윗타야-쌋-
교수님	อาจารย์	아-짠-
교실	ห้องเรียน	헝-리얀-
교통수단	ยานพาหนะ	얀-파-하나
교환(하다)	เปลี่ยนสินค้า / คืน	쁘리얀-씬카- / 큰-
9	๙(เก้า)	까오
9월	กันยายน	깐야-욘
구급차	รถพยาบาล	롯파야-반-
구름이 많다	มีเมฆมาก	미-멕-막-
구석	มุม	뭄
국	แกง	깽-

국가	ประเทศ	쁘라텟–
국내 여행	เที่ยว ในประเทศ	티야우– 나이쁘라텟–
귀엽다	น่ารัก	나–락
귀찮다	รำคาญ	람칸–
그	เขา	카오
그 다음에	ต่อ	떠–
그 사람	เขา	카오
그것	มัน	만
그녀	เธอ	트ㅓ–
그들	พวกเขา	푸억–카오
그래서	แล้ว	래우–
그러나	แต่	때–
그러면	งั้น	응안
그런	งั้น / อย่างนั้น	응안 / 양–난
그런데	ก็	꺼
그렇게	อย่างนั้น	양–난
그렇지만	แต่	때–
그리고	และ	래
그리고 나서	แล้วก็	래우–꺼–
그분	ท่าน	탄–
그저께	เมื่อวานซืน	므아–완–쓴–
그처럼	งั้น	응안
금요일	วันศุกร์	완쑥
긍정적이다	คนคิดบวก	콘킷부억–
기간	ช่วง	추엉–
기다리다	รอ	러–
기분	อารมณ์	아–롬
기쁘다	ดีใจ / ยินดี	디–짜이 / y인디–
기상청	พยากรณ์อากาศ	파야–껀–아–깟–
기온	อุณหภูมิ	운하품–
기차	รถไฟ	롯Fㅏ이
기침이 나다	ไอ	아이
기침하다	ไอ	아이
긴 머리	ผมยาว	폼야우–
긴장하다	ประหม่า	쁘라마–
길다	ยาว	야우–
김치	กิมจิ	낌찌
깔끔하다	ดูสะอาดตา	두–싸앗–따–
깨끗하다	สะอาด	싸앗–
꼼꼼하다	พิถีพิถัน	피티–피탄
꽃	ดอก / ดอกไม้	덕– / 덕–마이
끄라비(지명)	กระบี่	끄라비–
끝	เสร็จ	쎗
끝나다	แล้ว / เลิก	래우– / 르ㅓㄱ–
끝내다	เสร็จ / ทำให้เสร็จ	쎗 / 탐하이쎗

나

나(남자 1인칭)	ผม	폼
나(여자 1인칭)	ฉัน / ดิฉัน	찬 / 디찬
나가다	ออกไป	억–빠이
나다	ผลิ	프리
나라	ประเทศ	쁘라텟–
나뭇잎	ใบไม้	바이마이
나쁘다	ไม่ดี	마이디–
나오다	ออกมา	억–마–
나이	อายุ	아–유
나중에	ภายหลัง	파이–랑
낚시를 하다	ตกปลา	똑쁘라
날씨	อากาศ	아–깟–
날씨가 나쁘다	อากาศ แย่	아–깟– 얘–
날씨가 맑다	อากาศ แจ่มใส	아–깟–짬싸이
날씨가 좋다	อากาศ ดี	아–깟– 디–
날씨가 좋지 않다	อากาศ ไม่ดี	아–깟– 마이디–
남동생	น้องชาย	넝–차이–
남쪽	ทิศใต้	팃따이
남편	สามี	싸–미–
낮	กลางวัน	끄랑–완
내년	ปีหน้า	삐–나–
내일	พรุ่งนี้	프룽니–
냄비	หม้อ	머–
냄새	กลิ่น	끄린
너	เธอ	트ㅓ–
너무	มาก / จัง	막– / 짱
너무너무	มากๆ	막–막–
넓다	กว้าง	꽝–
넘어지다	ล้ม	롬
넣다	ใส่	싸이
네(맞다)	ใช่	차이
년	ปี	삐–
노란색	สีเหลือง	씨–르앙–
노래를 감상하다	ฟังเพลง	Fㅏㅇ프렝–
놀다	เล่น	렌
놀랍다	ประหลาดใจ	쁘라랏–짜이
놀러가다	ไปเที่ยว	빠이티야우–
놀이공원	สวนสนุก	쑤언–싸눅
놓다	วาง	왕–

누구	ใคร	크라이
누군가	บางคน	방-콘
누나	พี่สาว	피-싸우-
눈[雪]	หิมะ	히마
뉘우치다	สำนึกผิด	쌈늑핏
느긋하다	อารมณ์ดี	아-롬디-
느끼다	รู้สึก	루-쓱
느리다	ช้า	차-
늦게	สายๆ	싸이-싸이-
늦다	สาย	싸이-

다

다듬다	ตัดแต่งผม	땃땡폼
다른	อีก	익-
다른 색	สีอื่น	씨- 은-
다시	อีก	익-
다음	ต่อ	떠-
다음 달	เดือนหน้า	드안-나-
다음 주	สัปดาห์หน้า / อาทิตย์หน้า	쌉다-나- / 아-팃나-
다치다	บาดเจ็บ	밧-쩹
다하다	หมด	못
단발머리	ผมบ๊อบ	폼법
단정(하다)	สุภาพ	쑤팝-
달	พระจันทร์ / เดือน	프라짠 / 드안-
달다	หวาน	완-
닮다	เหมือน	므안-
당신	คุณ / ท่าน / เธอ	쿤 / 탄- / 트ㅓ-
당연히	แน่นอน	내-넌-
당황하다	สับสน	쌉쏜
대답하다	ตอบ	떱-
대략	ประมาณ	쁘라만-
대학교	มหาวิทยาลัย	마하-윗타야-라이
대학생	นักศึกษา	낙쓱싸-
더	อีก	익-
더럽다	สกปรก	쏙까쁘록
더블 침대	เตียงคู่	띠양-쿠-
더욱	อีก	익-
덤벙대다	ซุ่มซ่าม	쑴쌈-
덥다	ร้อน	런-
데이트를 하다	ไปเดท	빠이뎃-
~도	เช่นกัน / ก็ / ด้วย	첸깐 / 꺼 / 두어이-
도[度]	องศา	옹싸-
도서관	ห้องสมุด	헝-싸뭇
도착하다	ถึง	틍
독서하다	อ่านหนังสือ	안-낭쓰-
독일	ประเทศเยอรมัน	쁘라텟-yㅇㅓ-라만
독일 사람	คนเยอรมัน	콘yㅇㅓ-라만
돈	เงิน	응으ㅓㄴ
돌려주다	คืน	큰-
돌아가다	กลับ	끄랍
돕다	ช่วย	추어이-
동물원	สวนสัตว์	쑤언-쌋
동사	กิริยา	끼리야-
동생	น้อง	넝-
동쪽	ทิศตะวันออก	팃따완억-
되다	ได้	다이
두껍다	หนา	나-
뒤	(ข้าง)หลัง	(캉)-랑
드라마를 보다	ดูละคร	두-라-컨-
드시다	ทาน	탄-
듣다	ฟัง	Fㅏㅇ
들리다	ได้ยิน	다이y인
들어가다	เข้าไป	카오빠이
들어오다	เข้ามา	카오마-
등산하다	ปีนเขา	삔-카오
따뜻하다	อบอุ่น	옵운
따로	อีก	익-
따르다	ตาม	땀-
딱딱하다	แข็ง	캥
딸	ลูกสาว	룩-싸우-
땋은 머리	ผมเปีย	폼삐아-
~때	โมง	몽-
때문에	เพราะว่า	프러와-
떨어지다	ร่วง / ตก	루엉- / 똑
또한	เช่นกัน / ด้วย	첸깐 / 두어이-
똑똑하다	ฉลาด	차랏-
똑바로 가다	ตรงไป	뜨롱빠이
똠얌꿍	ต้มยำกุ้ง	똠얌꿍
뚝뚝(삼륜차)	รถตุ๊กตุ๊ก	롯뚝뚝
뜨겁다	ร้อน	런-

라

~라고	ว่า	와-
라오스	ประเทศลาว	쁘라텟-라우-

라오스 사람	คนลาว	콘라우–
람빵(지명)	ลำปาง	람빵–
~랑	กับ	깝
러시아	ประเทศรัสเซีย	쁘라텟–랏씨야–
러시아 사람	คนรัสเซีย	콘랏씨야–
레몬	มะนาว	마나우–
~로	โดย	도이–
로비	ล็อบบี้	럽비–
룸서비스	รูมเซอร์วิส	룸쓰ㅓ윗
르이(지명)	เลย	르ㅓ이–

마

마르다	แห้ง	행–
마시다	ดื่ม	듬–
마음	ใจ	짜이
마음이 넓다	ใจกว้าง	짜이꽝–
~만	เท่านั้น	타오난
만 단위	หมื่น	믄–
만나다	เจอ / พบ	쯔ㅓ– / 폽
만들다	ทำ	탐
만족하다	พึงพอใจ	픙퍼–짜이
많다	เยอะ	y으ㅓ
말총머리	ผมหางม้า	폼항–마–
말하다	บอก / พูด	벅– / 풋–
맛없다	ไม่อร่อย	마이아러이–
맛있다	อร่อย	아러이–
맛집을 가다	ไป ร้านอาหารอร่อยๆ	빠이 란–아–한–아러이–아러이–
맞은편	ตรงข้าม	뜨롱캄–
맡기다	ฝาก	Fㅏㄱ–
매력적이다	มีเสน่ห์	미–싸네
매우	มาก / จัง	막– / 짱
매운 음식	อาหาร เผ็ด	아–한– 펫
맥주	เบียร์	비야–
맵다	เผ็ด	펫
머리	หัว	후어–
머리 모양	ทรงผม	쏭폼
머리가 아프다	ปวดหัว	뿌엇–후어–
머리를 감다	สระผม	싸폼
머리를 말리다	เป่าผม	빠오폼
머리를 빗다	หวีผม	위–폼
머리를 셋팅하다	เซ็ตผม	쎗폼
머리를 자르다	ตัดผม	땃폼
먹다	กิน / ทาน	낀 / 탄–
먼지	ฝุ่น	Fㅜㄴ
멀다	ไกล	끄라이
멈추다	หยุด	윳
멍청하다	โง่	응오–
메뉴	เมนู	메–누–
며느리	ลูกสะใภ้	룩–싸파이
며칠	วันที่ เท่าไร	완티– 타오라이
~면	ก็	꺼
몇	เท่าไร / กี่	타오라이 / 끼–
몇 시	กี่ โมง	끼– 몽–
몇 시간	กี่ ชั่วโมง	끼– 추어–몽–
모든 것	ทุก อย่าง	툭 양–
모래	ทราย	싸이–
모레	วันมะรืน	완마른–
모퉁이	มุม	뭄
목	คอ	커–
목요일	วันพฤหัสบดี	완파르핫싸버–디–
목이 아프다	เจ็บคอ	쩹커–
목화	ฝ้าย	Fㅏ이–
몸살	ครั่นเนื้อครั่นตัว	크란느아–크란뚜어–
무겁다	หนัก	낙
무섭다	กลัว	끄루어–
무슨	อะไร	아라이
무엇	อะไร	아라이
묶다	พัก	팍
물[水]	น้ำ / น้ำเปล่า	남 / 남쁘라오
물건	ของ	컹–
물건 사기	ซื้อของ	쓰–컹–
물건을 사러 가다	ไปซื้อของ	빠이쓰–컹–
미국	ประเทศอเมริกา	쁘라텟–아메–리까–
미국 사람	คนอเมริกัน	콘아메–리깐
미세먼지	ฝุ่นเหลือง	Fㅜㄴ르앙–
미안하다	รู้สึกผิด	루–쓱핏
미용실	ร้านเสริมสวย	란–쓰ㅓㅁ–쑤어이–
미워하다	เกลียด	끄리얏–
미터	เมตร	멧–
미혼	โสด	쏫–
믿음이 가다	น่าเชื่อถือ	나–츠아–트–

바

바꾸다	เปลี่ยน	쁘리얀–
바다	ทะเล	타레–

바라다	ขอ / อยาก	커– / 약–
바람	ลม	롬
바람맞히다	เบี้ยวนัด	비야우–낫
바쁘다	ยุ่ง	융
바코드	บาร์โค้ด	바–콧–
바트(태국 돈)	บาท	밧–
밖	(ข้าง)นอก	(캉)–너–
밖에	ข้างนอก	캉–넉–
받다	รับ	랍
밝다	ร่าเริง / สว่าง	라–르ㅓㅇ– / 싸왕–
밤	คืน / กลางคืน	큰– / 끄랑–큰–
밥	ข้าว	카우–
밥솥	หม้อหุงข้าว	머–훙카우–
방	ห้อง	헝–
방 번호	เบอร์ห้อง	브ㅓ–헝–
방 열쇠	กุญแจห้อง	꾼째–헝–
방콕(지명)	กรุงเทพมหานคร 끄룽텝–마하–나컨–	
방향	ทิศทาง	팃탕–
배가 아프다	ปวดท้อง	뿌엇–텅–
배고프다	หิว	히우
배부르다	อิ่ม	임
배우	ดารา	다–라–
100단위	ร้อย	러이–
100만 단위	ล้าน	란–
백발 머리	ผมหงอก	폼응억–
백화점	ห้างสรรพสินค้า	항–쌉파씬카–
버스	รถประจำทาง / รถเมล์ 롯쁘라짬탕– / 롯메–	
번개	ฟ้าแลบ	Fㅏ–랩–
~번째 날(일)	วันที่	완티–
벚꽃	ดอกซากุระ	덕–싸–꾸라
베개	หมอน	먼–
베트남	ประเทศเวียดนาม	쁘라텟–위얏–남–
베트남 사람	คนเวียดนาม	콘위얏–남–
벽시계	นาฬิกาติดผนัง	나–리까–띳파낭
변기	โถชักโครก	토–착크록–
별	ดาว	다우–
별거하다	แยกกันอยู่	액–깐유–
별명	ชื่อเล่น	츠–렌
병	ขวด	쿠엇–
병원	โรงพยาบาล	롱–파야–반–
병이 나다	ป่วย	뿌어이–
보고 싶다	คิดถึง	킷틍
보고서	รายงาน	라이–응안–
보내다	ส่ง	쏭
보다	ดู	두–
보라색	สีม่วง	씨–무엉–
보러 가다	ไป ดู	빠이 두–
보통	ปกติ	뽁가띠
볶음밥	ข้าวผัด	카우–팟
봄	ฤดูใบไม้ผลิ	르두–바이마이프리
부끄럽다	อาย	아이–
부드럽다	อ่อน / อ่อนโยน	언– / 언–욘–
부럽다	อิจฉา	잇차–
부산	ปูซาน	뿌–싼–
부엌	ห้องครัว	헝–크루어–
부유하다	รวย	루어이–
북쪽	ทิศเหนือ	팃느아–
분[分]	นาที	나–티–
분홍색	สีชมพู	씨–촘푸–
불력	พุทธศักราช / พ.ศ. 풋타싹까랏– / 퍼–써–	
불쾌하다	อึดอัดใจ	읏앗짜이
불편하다	ไม่สบาย	마이싸바이
불행하다	โชคร้าย	촉–라이–
붓다	บวม	부엄–
비	ฝน	Fㅗㄴ
비가 오다	ฝนตก	Fㅗㄴ똑
비누	สบู่	싸부–
비사교적이다	ไม่ชอบเข้าสังคม	마이첩–카오쌍콤
비슷하다	คล้าย	크라이–
비싸다	แพง	팽–
비용	ค่า	카–
비행기	เครื่องบิน	크르앙–빈
빈방	ห้องว่าง	헝–왕–
빙수	น้ำแข็งไส / บิงซู	남캥싸이 / 빙쑤–
빠르다	เร็ว	레우
빠지다	ตก	똑
빨간색	สีแดง	씨–댕–
빨래하다	ซักผ้า	싹파–

사

4	๔ / สี่	씨–
4월	เมษายน	메–싸–욘
사교적이다	ชอบเข้าสังคม	첩–카오쌍콤
사귀다	คบ / คบกัน	콥 / 콥깐

사다	จ่าย / ซื้อ	짜이– / 쓰–
사람	คน	콘
사람들과 잘 어울리다	เข้ากับคนง่าย	카오깝콘응아이–
사랑하다	รัก	락
사용하다	ใช้	차이
사위	ลูกเขย	룩–크ㅓ이–
사이	ระหว่าง	라왕–
사진 찍다	ถ่ายรูป	타이–룹–
사회학	สังคมศาสตร์	쌍콤쌋–
산	ภูเขา	푸–카오
산불	ไฟป่า	Fㅏ이빠–
살	ปี	삐–
3	๓ / สาม	쌈–
3월	มีนาคม	미–나–콤
삼촌	อา	아–
상품	สินค้า	씬카–
새[鳥]	นก	녹
새롭다	ใหม่	마이
새벽	ตี	띠–
색깔	สี	씨–
생각하다	คิด	킷
생머리	ผมตรง	폼뜨롱
생일	วันเกิด	완끄ㅓㅅ–
샤워	ฝักบัว	Fㅏㄱ부어–
샤워하다	อาบน้ำ	압–남
샴푸	แชมพู	챔–푸–
서다	ยืน	y은–
서력	คริสต์ศักราช / ค.ศ.	크릿싹까랏– / 커–써–
서로	กัน	깐
서울	โซล	서울
서점	ร้านหนังสือ	란–낭쓰–
서쪽	ทิศตะวันตก	팃따완똑
선생님	ครู / คุณครู	크루– / 쿤크루–
선선하다	เย็นๆ	옌옌
설거지하다	ล้างจาน	랑–짠–
설사를 하다	ท้องเสีย	텅–씨야–
섬	เกาะ	꺼
성격	นิสัย	니싸이
성급하다	ใจร้อน	짜이런–
성함	ชื่อ	츠–
세금	ภาษี	파–씨–
세다	แรง	랭–
세면기	อ่างล้างหน้า	앙–랑–나–
세수를 하다	ล้างหน้า	랑–나
센바람	ลมแรง	롬랭–
소개	สถานะ	싸타–나
소개하다	แนะนำ	내남
소극적이다	เฉื่อยชา	츠아이–차–
소다수	น้ำโซดา	남쏘–다–
소방차	รถดับเพลิง	롯답프르ㅓㅇ–
소파	โซฟา	소–Fㅏ–
속이 메스껍다	คลื่นไส้	크른–싸이–
손녀	หลานสาว	란–싸우–
손자	หลานชาย	란–차이–
쇼핑을 하다	ช็อปปิ้ง	첩삥
수건	ผ้าเช็ดตัว	파–쳇뚜어–
수박	แตงโม	땡–모–
수업을 시작하다	เริ่มเรียน	르ㅓㅁ–리얀–
수업을 마치다	เลิกเรียน	르ㅓㄱ–리얀–
수업하다	เรียน	리얀–
수영을 하다	ว่ายน้ำ	와이–남
수요일	วันพุธ	완풋
수학	คณิตศาสตร์	카닛쌋–
수화물	กระเป๋าเดินทาง	끄라빠오드ㅓㄴ–탕–
숙제	การบ้าน	깐–반–
숙제하다	ทำการบ้าน	탐깐–반–
숟가락	ช้อน	천–
술	เหล้า	라오
술을 마시다	ดื่มเหล้า	듬–라오–
쉬는 시간	เวลาพักผ่อน	외–라–팍펀–
쉬다	พัก / พักผ่อน	팍 / 팍펀–
쉽다	ง่าย	응아이–
스트레스	เครียด	크리얏–
스포츠	กีฬา	끼–라–
슬프다	เศร้า / เสียใจ	싸오 / 씨야–짜이
습하다	ชื้น	츤–
시[時]	โมง	몽–
시간	เวลา / ชั่วโมง	외–라– / 추어–몽–
시간 있다	ว่าง	왕–
시다[酸]	เปรี้ยว	쁘리야우–
시세	ราคาปกติ	라–카–뽁까띠
시아버지	พ่อสามี	퍼–싸–미–
시어머니	แม่สามี	매–싸–미–
시원하다	เย็นสบาย	옌싸바이–
10월	ตุลาคม	뚜라–콤
시장	ตลาด	따랏–

시험 (보다)	สอบ	썹–
식당	ร้านอาหาร	란–아–한–
식사	อาหาร	아–한–
식사를 하다	ทาน อาหาร	탄– 아–한–
실망하다	ผิดหวัง	핏왕
실크	ไหม	마이
싫다	ไม่ชอบ	마이첩–
싫어하다	ไม่ชอบ	마이첩–
심하다	แรง	랭–
10	สิบ	씹
10단위	สิบ	씹
10만 단위	แสน	쌘–
12월	ธันวาคม	탄와–콤
11월	พฤศจิกายน	프룻싸찌까–욘
싱가포르	ประเทศสิงคโปร์	쁘라텟–씽카뽀–
싱가포르 사람	คนสิงคโปร์	콘씽카뽀–
싱겁다	จืด	쯧–
싱글	โสด	쏫–
싱글 침대	เตียงเดี่ยว	띠양–디야우–
싱크대	อ่างล้างจาน	앙–랑–짠–
싸다	ถูก	툭–
쌀국수	ก๋วยเตี๋ยว	꾸어이–띠야우–
쌀쌀하다	เย็น	옌
쏨땀(음식명)	ส้มตำ	쏨땀
쓰다[筆]	เขียน	키얀–
쓰다[用]	ใช้	차이
쓰다[苦]	ขม	콤
쓰러지다	เป็นลม	뻰롬
~씨	คุณ	쿤

아

아내	ภรรยา	판라야–
아니다	ไม่ใช่	마이차이
아들	ลูกชาย	룩–차이–
아래	ล่าง	랑–
아름답다	สวย	쑤어이–
아버지	คุณพ่อ / พ่อ	쿤퍼– / 퍼–
아윳타야(지명)	อยุธยา	아윳타야–
아직	ยัง	양
아침	เช้า	차오
아침식사	อาหารเช้า	아–한–차오
아침식사 비용	ค่า อาหารเช้า	카– 아–한–차오
아침에	ตอนเช้า	떤–차오
아쿠아리움	อะควาเรี่ยม	아콰–리얌–
아프다	เจ็บ / ป่วย	쩹 / 뿌어이–
아픔	เจ็บป่วย	쩹뿌어이–
안	(ข้าง)ใน	(캉–)나이
안개	หมอก	먹–
안에	ใน	나이
앉다	นั่ง	낭
않다	ไม่	마이
알다	รู้จัก	루–짝
알레르기	มีอาการแพ้	미–아–깐–패–
암상스럽다	ขี้อิจฉา	키–잇차–
압박하다	กดดัน	꼿단
앞	(ข้าง)หน้า	(캉–)나–
앞머리	ผมหน้าม้า	폼나–마–
애인	แฟน	Fㅐㄴ–
애인이 있다	มีแฟน	미–Fㅐㄴ–
야간	คืน / กลางคืน	큰– / 끄랑–큰–
약[約]	ประมาณ	쁘라만–
약[藥]	ยา	야–
약간	นิดหน่อย / บ้าง	닛너이– / 방–
약국	ร้านขายยา	란–카이–야–
약사	เภสัชกร	페–쌋차껀–
약속	นัด / นัดหมาย	낫 / 낫마이–
약속을 어기다	เบี้ยวนัด	비야우–낫
약속을 잡다	นัดเวลา	낫외–라–
약속을 취소하다	ยกเลิกนัด	욕르ㅓㄱ–낫
약속이 있다	มีนัด	미–낫–
얇다	บาง	방–
어느	อะไร / ไหน / ใด 아라이 / 나이 / 다이	
어둡다	มืด	믓–
어디	ที่ไหน / ตรงไหน 티–나이 / 뜨롱나이	
어때요(의문사)	เป็นอย่างไรบ้าง	뻰양–라이방–
어떠하다	เป็นอย่างไร / อย่างไรบ้าง 뻰양–라이 / 양–라이방–	
어떤	แบบไหน / อย่างไร / ไหน / ใด 뱁–나이 / 양–라이 / 나이 / 다이	
어떻게	อย่างไร	양–라이
어렵다	ยาก	약–
어른	ผู้ใหญ่	푸–y아이
어머니	คุณแม่ / แม่	쿤매– / 매–
어제	เมื่อวาน	므아–완–
언니	พี่สาว	피–싸우–

언제	เมื่อไร	므아-라이
언제나	เสมอ	싸므ㅓ-
얼마	เท่าไร / กี่	타오라이 / 끼-
얼마나	เท่าไร	타오라이
얼음	น้ำแข็ง	남캥
엄마	แม่	매-
없다	ไม่มี	마이미-
없어지다	หมด	못
~에	ที่	티-
~에서	ที่	티-
~에서 …까지	จาก ~ ไปถึง	짝- ~ 빠이틍-
~에서 오다	มาจาก	마-짝-
에어컨	เครื่องปรับอากาศ	크르앙-쁘랍아-깟-
여가	เวลาว่าง	웨-라-왕-
여기	ที่นี่ / นี่	티-니- / 니-
여동생	น้องสาว	넝-싸우-
여름	ฤดูร้อน	르두-런-
여름 휴가	ลาพักร้อน	라-팍런-
여자	ผู้หญิง	푸-y잉
여행	ไปเที่ยว	빠이티야우-
여행 가방	กระเป๋าเดินทาง	끄라빠오드ㅓㄴ-탕-
여행을 가다	ไปเที่ยว	빠이티야우-
여행하다	ท่องเที่ยว	텅-티야우-
역사학	ประวัติศาสตร์	쁘라왓쌋-
연녹색	สีเขียวอ่อน	씨-키야우-언-
연차 휴가	วันหยุดประจำปี / วันพักประจำปี	완윳쁘라짬삐- / 완팍쁘라짬삐-
연필	ดินสอ	딘써-
열	ไข้	카이
열심히 ~하다	ขยัน	카얀
열이 나다	มีไข้	미-카이
염색머리	ผมย้อมสี	폼염-씨-
염색하다	ย้อมผม	염-폼
0	๐(ศูนย์)	쑨-
영국	ประเทศอังกฤษ	쁘라텟-앙끄릿
영국 사람	คนอังกฤษ	콘앙끄릿
영수증	ใบเสร็จรับเงิน	바이쎗랍응으ㅓㄴ
영어	ภาษาอังกฤษ	파-싸-앙끄릿
영화	หนัง	낭
영화를 보다	ดูภาพยนตร์ / ดูหนัง	두-팝-피욘 / 두-낭
옆	ข้าง / ข้างๆ	캉- / 캉-캉-
예쁘다	สวย	쑤어이-

예쁘장하다	สวยมาก	쑤어이-막-
예약(하다)	จอง	정-
5	๕ / ห้า	하-
5월	พฤษภาคม	프릇싸파-콤
오늘	วันนี้	완니-
오다	มา	마-
오래 되다	เก่า	까오
오렌지	ส้ม	쏨
오르다	ขึ้น	큰
오른쪽	ข้างขวา / ด้านขวา	캉-콰- / 단-콰-
오른쪽으로 가다	ไปทางขวา	빠이탕-콰-
오븐	เตาอบ	따오옵
오빠	พี่ชาย	피-차이-
오케이(OK)	โอเค	오-케-
오토바이	รถจักรยานยนต์ / มอเตอร์ไซค์	롯짝까얀-욘 / 머-뜨ㅓ싸이
오후	บ่าย	바이-
온도	อุณหภูมิ	운하품-
온천	น้ำพุร้อน	남푸런-
올라가다	ขึ้น	큰
올해	ปีนี้	삐-니-
옷	เสื้อ / เสื้อผ้า	쓰아- / 쓰아-파-
옷장	ตู้เสื้อผ้า	뚜-쓰아-파-
~와	กับ	깝
와이프	ภรรยา	판라야-
와인	ไวน์	와이
완료하다	แล้ว	래우-
왜	ทำไม	탐마이
왜냐하면	เพราะว่า	프러와-
외가	ครอบครัวฝ่ายแม่	크럽-크루어-Fㅏ이-매-
외롭다	เหงา	응아오
외삼촌	ลุง / น้า	룽 / 나-
외할머니	ยาย	야이-
외할아버지	ตา	따-
왼쪽	ข้างซ้าย / ด้านซ้าย	캉-싸이- / 단-싸이-
왼쪽으로 가다	ไปทางซ้าย	빠이탕-싸이-
요구하다	ขอ	커-
요리하다	ทำอาหาร	탐아-한-
요일	วัน	완
요즘	ช่วงนี้	추엉-니-
욕조	อ่างอาบน้ำ	앙-압-남

우기	**ฤดูฝน**	르두–Fㅗㄴ
우리	**เรา / พวกเรา**	라오 / 푸억–라오
우리들	**เรา / พวกเรา**	라오 / 푸억–라오
우아하다	**สง่า**	싸응아–
우울해하다	**เศร้า**	싸오
우회전	**เลี้ยวขวา**	리야우–콰–
운동	**กีฬา**	끼–라–
운동하다	**ออกกำลังกาย**	억–깜랑까이–
운전하다	**ขับ / ขับรถ**	캅 / 캅롯
	ขี่	키– (*오토바이, 자전거)
울다	**ร้องไห้**	렁–하이
웃다	**หัวเราะ**	후어–러
워터파크	**สวนน้ำ**	쑤언–남
원하다	**ต้องการ / อยากได้**	떵–깐– / 약–다이
월	**เดือน**	드안–
월요일	**วันจันทร์**	완짠
웨이브 머리	**ผมดัดลอนอ่อน**	폼땃런언–
위	**บน**	본
위하여	**เพื่อ**	프아–
유치원	**โรงเรียนอนุบาล**	롱–리얀–아누반–
6	**๖(หก)**	혹
6월	**มิถุนายน**	미투나–욘
음료수	**เครื่องดื่ม**	크르앙–듬–
음식	**อาหาร**	아–한–
음식 주문	**สั่ง อาหาร**	쌍아–한–
음악을 하다	**เล่นดนตรี**	렌돈뜨리–
응급실	**ห้องฉุกเฉิน**	헝–축츠ㅓㄴ–
~의	**ของ**	컹–
의사	**หมอ**	머–
의심하다	**สงสัย**	쏭싸이
의자	**เก้าอี้**	까오이–
2	**๒(สอง)**	썽–
2월	**กุมภาพันธ์**	꿈파–판
이것	**นี่ / อันนี้**	니– / 안니–
이기적이다	**เห็นแก่ตัว**	헨깨–뚜어–
~이다	**เป็น**	뻰
이런 식으로	**แบบ นี้**	뱁–니–
이를 닦다	**แปรงฟัน**	쁘랭–Fㅏㄴ
이름	**ชื่อ**	츠–
이모	**น้า**	나–
이미	**แล้ว**	래우–
이번 달	**เดือนนี้**	드안–니–
이번 주	**สัปดาห์นี้ / อาทิตย์นี้**	쌉다–니– / 아–팃니–

이불	**ผ้าห่ม**	파–홈
이야기하다	**พูดคุย**	풋–쿠이
이용하다	**ใช้**	차이
이혼하다	**หย่า**	야–
~인(한)	**ที่**	티–
~인분(serving)	**ที่**	티–
인상 깊다	**ประทับใจ**	쁘라탑짜이
인상받다	**ประทับใจ**	쁘라탑짜이
인색하다	**ขี้เหนียว**	키–니야우
일[事]	**งาน**	응안–
일[日]	**วัน**	완
1	**๑(หนึ่ง)**	능
1단위	**หน่วย**	누어이–
1박	**คืนละ**	큰–라
1월	**มกราคม**	목까라–콤
일본	**ประเทศญี่ปุ่น**	쁘라텟–(y)이–뿐
일본 사람	**คนญี่ปุ่น**	콘(y)이–뿐
일상 생활	**ชีวิตประจำวัน**	치–윗쁘라짬완
일어나다	**ตื่น / ตื่นนอน**	뜬– / 뜬넌–
일어서다	**ยืน**	y은–
일요일	**วันอาทิตย์**	완아–팃
일을 끝내다	**เสร็จงาน**	쎗응안–
일을 시작하다	**เริ่มงาน**	르ㅓㅁ–응안–
일찍	**เร็ว**	레우
일하다	**ทำงาน**	탐응안–
읽다	**อ่าน**	안–
있다	**มี / อยู่**	미– / 유–

자

자다	**เข้านอน / หลับ / นอน / นอนหลับ**	카오넌– / 랍 / 넌– / 넌–랍
자동차	**รถยนต์**	롯욘
자랑스럽다	**ภูมิใจ**	품–짜이
자르다	**ตัด**	땃
자매	**พี่น้อง**	피–넝–
자신 있다	**มั่นใจ**	만짜이
자신을 갖다	**เชื่อมั่น**	츠아–만
자유시간	**เวลาว่าง**	외–라–왕–
자전거	**จักรยาน**	짝까얀–
자전거를 타다	**ขี่จักรยาน**	키–짝까얀–
작년	**ปีที่แล้ว**	삐–티–래우–
작다	**เล็ก**	렉
작열하는 뙤약볕	**แดดร้อนระอุ**	댓–런–라우

잔	แก้ว 깨우
잘못을 깨닫다	สำนึกผิด 쌈늑핏
장모님	แม่ยาย 매-야이-
장소	สถานที่ 싸탄-티-
장인어른	พ่อตา 퍼-따-
재미없다	ไม่สนุก 마이싸눅
재미있다	สนุก / สนุกสนาน 싸눅 / 싸눅싸난-
재혼하다	แต่งงานใหม่ 땡응안-마이
저(남자 1인칭)	ผม 폼
저(여자 1인칭)	ฉัน / ดิฉัน 찬 / 디찬
저녁	เย็น 옌
저녁식사	อาหารเย็น 아-한-옌
저녁에	ตอนเย็น 떤-옌
저분	ท่าน 탄
적극적하다	กระตือรือร้น 끄라뜨-르-론
적다	น้อย 너이-
적이 있다	เคย 크어이-
전에	ก่อน 껀-
전자레인지	ไมโครเวฟ 마이크로웹
전화기	โทรศัพท์ 토-라쌉
점심	กลางวัน 끄랑-완
점심식사	อาหารกลางวัน 아-한-끄랑-완
점원	พนักงานขาย 파낙응안-카이
접시	จาน 짠-
젓가락	ตะเกียบ 따끼얍-
정말	จริงๆ 찡찡
젖다	เปียก 삐약-
제일	ที่สุด 티-쑷
조금	หน่อย / นิดหน่อย 너이- / 닛너이-
조용하다	เงียบ 응이얍-
조카	หลานชาย 란-차이-
조카 딸	หลานสาว 란-싸우-
좀	หน่อย / บ้าง 너이- / 방-
좁다	แคบ 캡-
좋다	ดี 디-
좋아하다	ชอบ 첩-
좌회전	เลี้ยวซ้าย 리야우-싸이
주[週]	สัปดาห์ 쌉다-
주다	ให้ 하이
주말	วันหยุดสุดสัปดาห์ 완윳쑷쌉다-
주문하다	สั่ง 쌍
주차하다	จอด 쩟-
주황색	สีส้ม 씨-쏨
중·고등학교	โรงเรียนมัธยมศึกษา
	롱-리얀-맛타욤쓱싸-
중간 길이 머리	ผมยาวประบ่า 폼야우-쁘라바-
중국	จีน / ประเทศจีน 찐- / 쁘라텟-찐-
중국 사람	คนจีน 콘찐-
즐겁다	ร่าเริง 라-르ㅓ이ㅇ-
증상	อาการของโรค 아-깐-컹-록-
지금	ตอนนี้ 떤-니-
지난달	เดือนที่แล้ว 드안-티-래우-
지난주	สัปดาห์ / สัปดาห์ที่แล้ว
	쌉다- / 쌉다-티-래우-
지루하다	เบื่อ 브아-
지불하다	จ่าย 짜이-
지하철	รถไฟใต้ดิน 롯Fㅏ이따이딘
진료	รักษา 락싸-
질문하다	ถาม 탐-
질투하다	หึง 흥
짐	กระเป๋าเดินทาง 끄라빠오드ㅓㄴ-탕-
집	บ้าน 반-
집들이	พิธีขึ้นบ้านใหม่ 피티-큰반-마이
집안에	ในบ้าน 나이반
집에 가다	กลับบ้าน 끄랍반
집에 도착하다	ถึงบ้าน 틍반-
집에 돌아가다	กลับบ้าน 끄랍반-
짜다	เค็ม 켐
짜증나다	รำคาญ 람칸-
짝사랑하다	รักข้างเดียว 락캉-디야우-
짧다	สั้น 싼
짧은 머리	ผมสั้น 폼싼
쯤	ประมาณ 쁘라만-
찌개	แกง 깽-

차

차갑다	เย็น 옌
차분하다	ใจเย็น 짜이-옌
착하다	ใจดี 짜이디-
찾다	หา 하-
책	หนังสือ 낭쓰-
처럼	เหมือน 므안-
처음	ครั้งแรก 크랑랙-
천 단위	พัน 판
천둥	ฟ้าร้อง Fㅏ-렁-
청소하다	ทำความสะอาด 탐쾀-싸앗-
청천[靑天]	ท้องฟ้าปลอดโปร่ง

텅–Fㅏ–쁘럿–쁘롱–

체크아웃 เช็คเอาท์ 첵아오

체크인 เช็คอิน 첵인

초[秒] วินาที 위나–티–

초등학교 โรงเรียนประถมศึกษา 롱–리얀–쁘라톰쓱싸–

초록색 สีเขียว 씨–키야우–

촌스럽다 เชย 츠ㅓ이–

총액 ยอดสุทธิ 엿–숫티

최선을 다하다 ทำ(ให้)ดีที่สุด 탐(하이)디–티–숫

출근하다 ไปทำงาน 빠이탐응안–

춥다 หนาว 나우–

취미 งานอดิเรก 응안–아디렉–

치마 กระโปรง 끄라쁘롱–

치앙라이(지명) เชียงราย 치앙–라이–

치앙마이(지명) เชียงใหม่ 치앙–마이

치약 ยาสีฟัน 야–씨–Fㅏㄴ

친가 ครอบครัวฝ่ายพ่อ 크럽–크루어–Fㅏ이–퍼–

친구 เพื่อน 프안–

친절하다 ใจดี 짜이디–

7 ๗(เจ็ด) 쩻

7월 กรกฎาคม 까락까다–콤

칠판 กระดานดำ 끄라단–담

침대 เตียง 띠양–

침실 ห้องนอน 헝–넌–

칫솔 แปรงสีฟัน 쁘랭–씨–Fㅏㄴ

~칭하다 ว่า 와–

카

카키색 สีกากี 씨–까–끼–

카페 คาเฟ่ 카Fㅔ–

카페트 พรม 프롬

캄보디아 ประเทศกัมพูชา 쁘라텟–깜푸–차–

캄보디아 사람 คนกัมพูชา 콘깜푸–차–

캔 กระป๋อง 끄라뻥

커튼 ผ้าม่าน 파–만–

커피 กาแฟ 까–Fㅐ–

컨깬(지명) ขอนแก่น 컨–깬

콜라 โค้ก 콕–

콧물 흘리다 น้ำมูกไหล 남묵–라이

크다 ใหญ่ 야이

큰아버지 ลุง 룽

큰이모 ป้า 빠–

키가 작다 เตี้ย 띠야–

키가 크다 สูง 쑹–

타

타다 นั่ง / ขึ้น 낭 / 큰

탕 แกง 깽–

태국 ไทย / ประเทศไทย 타이 / 쁘라텟–타이

태국 사람 คนไทย 콘타이

태국 음식 อาหารไทย 아–한– 타이

태국 화폐단위 บาท 밧–

태국어 ภาษาไทย 파–싸–타이

태양 พระอาทิตย์ 프라아–팃

태어나다 เกิด 끄ㅓㅅ–

태풍 ไต้ฝุ่น 따이Fㅜㄴ

택시 รถแท็กซี่ 롯택씨–

털털하다 ง่ายๆ 응아이–응아이–

테이블 โต๊ะ 또

텔레비전 โทรทัศน์ 토–라탓

텔레비전을 보다 ดูโทรทัศน์ / ดูทีวี 두–토–라탓 / 두–티–위–

토요일 วันเสาร์ 완싸오

토하다 อาเจียน 아–찌얀–

통증이 있다 ปวด 뿌엇–

퇴근(하다) เลิกงาน 르ㅓㄱ–응안–

트럭 รถบรรทุก 롯반툭

트윈 침대 เตียงแฝด 띠양–Fㅐㅅ–

특별가 ราคาพิเศษ 라–카–피쎗–

파

파란색 สีน้ำเงิน 씨–남응ㅓㄴ

파마머리 ผมดัดลอนหยิก 폼닷런y익

파마하다 ดัดผม 닷폼

파이팅 สู้ๆ 쑤–쑤–

판매원 พนักงานขาย 파낙응안–카이–

8 ๘(แปด) 뺏–

8월 สิงหาคม 씽하–콤

팔다 ขาย 카이–

팟타야(지명) พัทยา 팟타야–

팟타이 ผัดไทย 팟타이

편두통이 있다 ไมเกรน 마이끄렌

편안하다 สบาย 싸바이–
편하다 สบาย 싸바이–
편하지 않다 ไม่สบาย 마이싸바이–
평일 วันธรรมดา 완탐마다–
평화 มีสันติสุข 미–싼띠쑥
포기하다 เลิก 르ㅓㄱ–
포크 ส้อม 썸–
폭우 ฝนตกหนัก Fㅗㄴ똑낙
폭포 น้ำตก 남똑
폭풍 พายุ / พายุหิมะ 파–유 / 파–유히마
폭풍우 พายุฝน 파–유Fㅗㄴ
푸껫(지명) ภูเก็ต 푸–껫
푸른 하늘 ท้องฟ้าปลอดโปร่ง 텅–Fㅏ–쁘럿–쁘롱–
프라이팬 กระทะ 끄라타
프랑스 ประเทศฝรั่งเศส 쁘라텟–Fㅏ랑쎗–
프랑스 사람 คนฝรั่งเศส 콘Fㅏ랑쎗–
피곤하다 เหนื่อย 느아이–
피다 ผลิ 프리
픽업차 รถกระบะ 롯끄라바

하

~하고 싶다 อยาก 약–
~하고 있다 กำลัง 깜랑
하늘색 สีฟ้า 씨–Fㅏ–
하다 ทำ 탐
하루에 วันละ 완라
~하자마자 ทันทีที่ 탄티–티–
하지만 แต่ 때–
학교 โรงเรียน 롱–리얀–
학생 นักเรียน 낙리얀–
학습하다 เรียน 리얀–
~한 것 같다 เหมือนว่า 므안–와–
한가하다 ว่าง 왕–
한국 เกาหลี / ประเทศเกาหลี 까오리– / 쁘라텟–까오리–
한국 사람 คนเกาหลี 콘까오리–
한국 음식 อาหารเกาหลี 아–한–까오리–
~할 때 เมื่อ 므아–
할 수 있다 ได้ / สามารถ 다이 / 싸–맛–
할머니 ย่า 야–
할아버지 ปู่ 뿌–
할인권 บัตรลดราคา 밧롯라–카–
할인하다 ลดราคา 롯라–카–
함께 ด้วยกัน 두어이–깐
항상 เสมอ 싸므ㅓ–
해 พระอาทิตย์ 프라아–팃
~해 두다 ไว้ 와이
해야 한다 ต้อง 떵–
해외 ต่างประเทศ 땅–쁘라텟–
해외 여행 เที่ยวต่างประเทศ 티야우–땅–쁘라텟–
햇빛 แดด 댓–
행복하다 มีความสุข 미–쾀–쑥
헤어스타일 ทรงผม 쏭폼
헤어지다 เลิก / เลิกกัน 르ㅓㄱ– / 르ㅓㄱ–깐
현기증이 나다 เวียนหัว 위얀–후어–
형 พี่ชาย 피–차이–
형용사 คำคุณศัพท์ 캄쿤나쌉
형제 พี่น้อง 피–넝–
호텔 โรงแรม 롱–램–
홀로 เดี่ยว 디야우–
홍수 น้ำท่วม 남투엄–
화를 내다 โกรธ 끄롯–
화요일 วันอังคาร 완앙칸–
화장대 โต๊ะเครื่องแป้ง 또크르앙–뺑–
화장실 ห้องน้ำ 헝–남
화창한 날씨 ท้องฟ้าปลอดโปร่ง 텅–Fㅏ–쁘럿–쁘롱–
환불(하다) คืนเงิน / คืนสินค้า 큰–응으ㅓㄴ / 큰–씬카–
환자 คนไข้ 콘카이
환희하다 ปีติยินดี 삐띠y인디–
활발하다 มีชีวิตชีวา 미–치–윗치–와–
회사 동료 เพื่อนร่วมงาน 프안–루엄–응안–
회색 สีเทา 씨–타오–
회의하다 ประชุม 쁘라춤
~후에 หลัง / หลังจาก 랑 / 랑짝–
후회하다 เสียใจ 씨야–짜이
휴가일 วันลาพัก 완라–팍
휴식 시간 เวลาพักผ่อน 외–라–팍펀–
휴일 วันหยุด 완윳
휴지 กระดาษชำระ 끄라닷–참라
흐리다 มืดครึ้ม 믓–크름
흰색 สีขาว 씨–카우–

■저자

THAENKOM AROONLAK(아룬락 탠캄)

BANGKOK BIBLE SEMINARY 대학원, CHIANG MAI 대학교 졸업
－ECC English Institute in Thailand 영어 강사
－SEVEN GARDEN 호텔 매니저
－종로어학원 태국어 강의, 태국어 통역 및 번역
－태국 보건복지부(국내 식약처, 소비자 보호원 방문) 총괄 통역원

혼자 배우는 태국어첫걸음

초판 1쇄 인쇄 2022년 5월 10일
초판 2쇄 발행 2024년 7월 10일

펴낸이 박해성
펴낸곳 정진출판사
지은이 아룬락 탠캄
편집 김양섭
기획마케팅 박상훈
디자인 디자인톡톡
삽화 이유빈, 허다경
출판등록 1989년 12월 20일 제 6-95호
주소 02752 서울특별시 성북구 화랑로 119-8
전화 02-917-9900
팩스 02-917-9907
홈페이지 www.jeongjinpub.co.kr

ISBN 978-89-5700-170-7 *13730